MW01229060

Os Símbolos Secretos

DENYSON TOMAZ DE LIMA

Copyright © 2022 Denyson Tomaz de Lima
Todos os direitos reservados

Todas as informações descritas neste livro como texto, imagem, gráficos e tabelas são de propriedade do autor, exceto informações que possuem fontes mencionadas nesta obra literária. Proibida toda e qualquer reprodução desta edição por qualquer meio ou forma, seja ela eletrônica ou mecânica, fotocópia, gravação ou qualquer outro meio de reprodução, sem a prévia permissão expressa do autor. A permissão fotocopiar (ou imprimir) e utilizar parte dos textos e materiais deste livro é concedida apenas para uso pessoal e não comercial. Para solicitar permissões especiais de reprodução, envie um e-mail para o autor no contato disponível abaixo:

denyson@historiaesegredos.com.br

Livro Físico : ISBN-978-65-00-45669-1
Livro Digital: ISBN-978-65-00-45670-7

Dados Internacionais de Catalogação na Publicação (CIP)
(Câmara Brasileira do Livro, SP, Brasil)

Lima, Denyson Tomaz de
    Os símbolos secretos / Denyson Tomaz de Lima. --
1. ed. -- Rio de Janeiro, RJ : Ed. do Autor, 2022.

    ISBN 978-65-00-45669-1

    1. Maçonaria - História 2. Maçonaria - Simbolismo
3. Maçonaria - Rituais I. Título.

22-111905   CDD-366.1

Índices para catálogo sistemático:

1. Maçonaria : Simbolismo   366.1

Eliete Marques da Silva - Bibliotecária - CRB-8/9380

DEDICATÓRIA

Dedico esta obra a minha mãe, minha esposa, minha filha e ao meu neto querido e que DEUS possa estar ao seu lado hoje e sempre. E por fim agradeço ao meu padrinho José Roberto Ferreira, a minha Potência da Grande Loja Maçônica do Estado do Rio de Janeiro (GLMERJ) e aos meus irmãos em Loja pelos ensinamentos obtidos e as instruções da perfeita postura de um maçom.

Os Símbolos Secretos

Este livro revela os vários símbolos secretos da Maçonaria.

1ª Edição
Rio de Janeiro
MAIO-2022

O direito desta edição pertence ao:
Denyson Tomaz de Lima
denyson@historiaesegredos.com.br

Editor:
Denyson Tomaz de Lima

Revisão do texto:
Elaine Moreno Waik Tomaz de Lima
Frederico de Oliveira Waik

Capa:
Denyson Tomaz de Lima

Certificado e Registro:
Câmara Brasileira do Livro (CBL).

ISBN:
978-65-00-45669-1

Sumário

AGRADECIMENTOS

Agradeço primeiro a DEUS pela concessão da vida, da benção, paz e saúde. Agradeço a paciência da minha esposa Elaine, que por várias vezes fiquei impossibilitado de dar toda a atenção merecida, pois estava entretido na elaboração deste livro. Por diversas vezes eu escutei: *"DENYSON vem lanchar"*. Agradeço o carinho abençoado da minha mãe e da minha filha. Agradeço ao meu padrinho maçom José Roberto Ferreira pelas instruções da maçonaria e o tempo gasto na leitura desta obra incentivando a minha finalização e a publicação.

Introdução

O s símbolos são verdadeiras obras de artes que transmitem mais informação do que uma palavra. Eles são eternos e muito marcante em nossas vidas. Os nossos ancestrais Homo Sapiens vindo da África a mais de 200.000 anos conseguiam explorar, compreender, interagir e criar os símbolos. Este período foi conhecido como época geológica entre Pleistoceno e Holoceno,[1] Graças aos símbolos podemos estudar os ancestrais e descobrir a sua cadeia alimentar, seus pensamentos, suas caças, seus objetos, seus costumes e os seus desconfortos. A figura acima é uma pintura rupestre [2] encontrada no Parque Nacional da Serra da Capivara na região de São Raimundo Nonato município do estado do Piauí (distante de 576 km da capital Teresina).[3] As pinturas são uma forma primitiva de mensagem dos nossos ancestrais para comunicar com a humanidade através dos símbolos.

---

[1] Época geológica pleistoceno 2,588 milhões de anos e Holoceno 11,5 mil anos.
[2] RUPESTRE: Palavra de origem francesa que significa gravação, traçado e pintura sobre suporte rochoso, independente da técnica utilizada. Considerada a expressão artística mais antiga da nossa humanidade. Geralmente encontramos este tipo de arte nas cavernas, grutas e as vezes ao ar livre.
[3] Para maiores detalhes e referência veja o site acessado em 13 de março de 2021. https://pt.wikipedia.org/wiki/ - Parque_Nacional_Serra_da_Capivara
e https://youtu.be/dS9w5Quc1xk

Estava muito reluctante em descrever para o leitor, um dos símbolos marcantes do século XX, que atualmente a imagem alude: a morte, a discriminação de raças, sofrimentos, guerras, tristezas, dominações de povos e perseguição de grupos. Mas este símbolo, conhecido como ideograma muito antigo datado em 4.000 a.C. foi encontrado primeiro na região da Suméria, depois foi utilizado nas regiões do Japão, Índia e no sul da Europa. Existe evidências de vasos cerâmicos datado de 4.000 a.c. com esta estampa e com antigas escritas europeia ("Escritas Vinca" período 4.000 a.C.). No período da idade antiga, este símbolo apresentava vários significados, mas todos eles nesta época tinham o teor positivo. Este símbolo estampava as moedas da Mesopotâmia no ano de 3.000 a.C. Também foi considerado com um dos símbolos de Buda que significa paz e prosperidade. Os chineses no ano de 700 d.C. adotaram este símbolo para representar o número "10.000". Os japoneses utilizavam este símbolo para representar os templos e os santuários. Os povos Nórdicos também associaram esta imagem na sua cultura. Este símbolo místico foi encontrado em várias culturas e religiões no passado (Astecas, Budistas, Celtas, hindus e índios Hopi), e o mais curioso é que eles não tiveram o contato para propagar e disseminar esta imagem. Mistério! O símbolo também era associado ao Sol, regeneração e a força. Recentemente no ocidente, a Finlândia utilizava este símbolo como aspecto nacional desde 1918/1919. A Força Aérea da Finlândia adotou este emblema por volta do ano de 1918. O nome deste símbolo deriva da língua ancestral da Índia. O "SU" significa **bem** e o "ASTI" remete a palavra **estar**. Juntos formam a ideia de: **bem-estar** ou aquilo **que traz boa sorte**. Nós estamos referindo ao símbolo da: SUÁSTICA[4], também conhecida como cruz suástica ou cruz gamada. Infelizmente este símbolo foi apropriado em 1920 pelo partido Nacional Socialista alemão e adotado pelo nazista Adolf Hitler.[5] Antes do período do partido Nazista monopolizar a imagem, este símbolo tinha um significado muito positivo ao longo dos 6.000 anos (4.000 a.C. até 1920 d.C.), mas após a adoção na administração militar desastrosa e muito cruel, este símbolo ficou manchado sem o direito de retorno ao seu passado (1920 até hoje). Agora, ele representa as tristes memórias, pensamentos horríveis e uma política macabra que marcou o século XX, pelas atrocidades na Alemanha perseguindo os Judeus (Holocausto – perseguição dos Judeus na segunda guerra mundial liderado pelo Adolf Hitler), poloneses, grupos étnicos (principalmente ciganos, homossexuais, deficientes, Testemunha de Jeová) e os membros da Maçonaria.

A Maçonaria não concorda com as atrocidades em que os povos Judeus passaram e repudia veementemente todas as ações criminosas do regime Nazista.

---

[4] Para maiores detalhes e referência veja o vídeo no Youtube acessado em 16 de janeiro de 2021, referindo-se à história e a origem do símbolo mais polêmico de todos os tempos. Site: https://www.youtube.com/watch?v=3NZtBjBX6iY
[5] CONNELL, Mark O´ e AIREY, Raje. Almanaque Ilustrado SÍMBOLOS. 3ª Edição. Editora Escala. Ano 2010.

1. Carvão e Giz

A antiga Maçonaria **não possuía** itens básicos como: rituais impressos, folhetos explicativos, facilidade para obter e ler um bom livro da ordem, quadros, painéis, pesquisas na internet, tablets e computadores. Lembramos também a dificuldade da época de disseminar o conhecimento maçônico para os demais irmãos Aprendizes e Companheiros, porque além da maçonaria ser secreta neste período, também estava sendo perseguida. A discrição de um maçom neste momento era muito pertinente e aconselhada. Por este motivo os símbolos representavam para o maçom a sabedoria, o conhecimento da ordem e a memorização, lembrando dos velhos tempos dos povos Celtas através dos contadores de histórias pelos Bardos. A história está se encaixando. O cargo Maçônico de Guarda Externo (*"Tyler"*), antigamente era o responsável em desenhar à mão no chão da sala todos os símbolos maçônicos adequados à Ritualística, utilizando o carvão ou mesmo giz. Era considerado uma obra de arte assinado por um perfeito artesão. Após a sessão maçônica, o Guarda Externo teria a incumbência de apagar todos os símbolos maçônicos sem deixar vestígio, utilizando esfregão e um balde, para disponibilizar o local do ritual para outras atividades profanas. Ressaltamos que os encontros maçônicos nesta época eram feitos em Tabernas, Cervejarias, adegas e pátios de Igrejas compartilhados por todos os indivíduos. Por este motivo óbvio era extremamente necessário apagar todas as evidências. O Guarda Externo além da sua atividade principal teria que ter o dom e a habilidade de desenhar no assoalho. O Costume de desenhar no chão utilizando giz e o carvão foi copiado pelos franceses, conforme a evidência no manuscrito e rituais datados de 28 de julho de 1787 de posse da "Loja da Província" na cidade de Bristol na Inglaterra.[6]

Podemos verificar a prática de desenhar e apagar símbolos maçônicos no assoalho utilizando o balde e o esfregão na obra do artista e maçom William Hogarth, pintada no dia 25 de março de 1738, como uma das séries intitulada: "Quatro Momentos do Dia" ou "Four Times of the Day". Na figura de "Hogarth's Night" de 1738 observamos na parte inferior no lado direito, um Maçom, portando um esfregão que acabara de sair da Taberna "A Taça e as Uvas",

---

[6] PRICHARD, Samuel. Maçonaria Dissecada. Página 163. Editora "A Trolha" ano 1730.

uma das integrantes da Grande Loja Unida da Inglaterra (1717/1721). Provavelmente o homem com avental abaixo do joelho próximo da janela é o Venerável Mestre Sir Thomas de Veil, membro da loja Vine Tavern junto com William Hogarth. O homem misterioso com esfregão na mão foi o responsável em desenhar os símbolos maçônicos no início dos trabalhos da ordem. Após o término da sessão maçônica, ele teve a árdua tarefa de apagar estes mesmos símbolos desenhados com carvão, utilizando o esfregão, deixando o local extremamente limpo sem rastros maçônicos.

Veja a figura, para maiores detalhes.

Figura "*Hogarth's Night*" de 1738: [7]
Crédito para o autor: Willian Hogarth

[7] Para maiores detalhes e referência consulta o site acessado em 13 de março de 2021: https://en.wikipedia.org/wiki/Four_Times_of_the_Day e a Revista Ciência & Maçonaria (C&M) Volume 04 aprovado em 10/08/2017. Autores: Lucas Francisco Galdeano e Kennyo Ismail. Para maiores detalhes e referência veja o site contendo a Revista e acessado em 13 de março de 2021:
http://www.cienciaemaconaria.com.br/index.php/cem/article/view/87/45 ou acesse o PDF da Revista na página 92.
http://www.cienciaemaconaria.com.br/index.php/cem/article/download/87/45.

2. Tapete

A antiga Maçonaria especulativa evoluiu e os símbolos agora foram substituídos por letras finas de metais e fitas. Mais tarde as figuras foram estampadas nos tecidos brutos pintados estendidos no chão como um tapete ou mesmo pintado sobre uma lona ou oleado (tecidos feitos com algodão fino recoberto por uma camada de verniz muito leve) exposto no centro dos trabalhos maçônicos. Imediatamente, ao término da sessão, os irmãos retiravam os artefatos sem deixar vestígios para os olhos e mãos profanas. O uso do Tapete nas sessões maçônicas proporcionava um método mais fácil de camuflagem dos símbolos, ao invés de desenhar no assoalho (*"drawing on the floor"*). Desta forma facilitava a visualização, o entendimento e a memorização dos símbolos pelos maçons em uma sessão ritualística. O irmão alemão FRIEDRICH ULRICH LUDWIG SCHRÖDER no ano de 1801 abraçou esta ideia do uso do tapete retangular e implantou no Rito de Schröder recém-criado, ao invés de adotar um painel em loja, conforme outros ritos estavam aplicando. Os Rituais de Schröder (em alemão: *"Schrödersche Lehrart Der"*) foram aprovados no mesmo ano pela assembleia dos Veneráveis Mestres da Grande Loja de Hamburgo, na Alemanha. O alemão Schröder (nascido em Schwerin) era muito simpatizante com os Rituais ingleses, e grande adepto ao Rito de York. Estava interessado apenas em abolir o ocultismo e trazer mais espiritualidades, valores morais e fraternidades ao seu novo rito. Atualmente alguns ritos utilizam o tapete, mantendo assim a tradição dos tempos antigos.

A Grande Loja de Hamburgo foi extinta no ano de 1932, devido as perseguições Nazistas impostas pelo austríaco Adolf Hitler na Alemanha. Após o período do Nazismo, os irmãos migraram para a Grande Loja dos Antigos Maçons Livres e Aceitos da Alemanha.

O tapete do Rito de Schröder possui vários símbolos estampados, iremos destacar e comentar os principais:

1. Muro (proteção da sessão ritualística);
2. Portas: Oriente (V∴M∴), Ocidente (1°Vig∴) e Sul (2°Vig∴);
3. Régua de 24 polegadas (tempo de 24 horas);
4. Esquadro (retidão e V∴M∴);
5. Proposição 47 (teorema de Pitágoras);
6. Céu (limpo no oriente e nublado no Ocidente);
7. Martelo pontiagudo (aprendizes);
8. Pedra Cúbica (obra prima acabada);
9. Pedra Bruta (estado natural);
10. Prumo (retidão e 2°Vig∴);
11. Nível (igualdade e 1°Vig∴);
12. Colher de Pedreiro ou Trolha (Operativo).

Tapete do Rito de Schröder

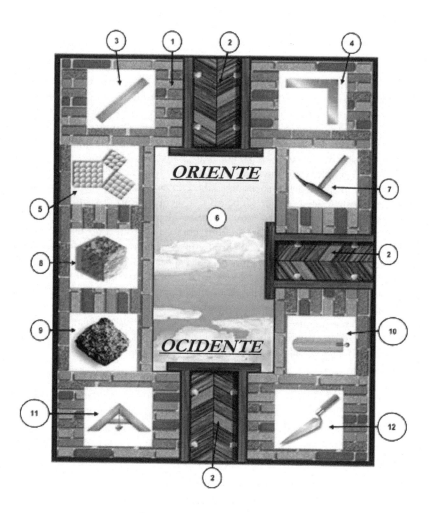

Observação:

O Rito Escocês Antigo e Aceito da Grande Loja não utiliza os tapetes nas sessões ritualística, apenas faz uso de painéis simbólicos e alegóricos nas sessões de cada grau correspondente (Aprendiz Maçom, Companheiro Maçoma e Mestre Maçom).

3. Colunas BOAZ e JACHIN

O Rei Davi designa a terra na Eira de Ornã ou Araúna (cidade velha de Jerusalém), para a construir o Templo, após a conquista de Jerusalém. Deus enviou uma mensagem para o Rei Davi solicitando que somente o seu filho Salomão construísse o Templo, pois o seu reinado estava muito manchado e marcado com sangue proveniente dos conflitos e guerras. Segundo relato de DEUS descrito na Bíblia, o Rei Salomão inicia a construção do Templo por volta do ano de 966 a.C. e finaliza a obra sagrada no ano de 959 a.C. A obra do Templo durou por volta de sete anos. Na passagem da Bíblia em 1REIS Capítulo 06 e Versículo 01, o Rei Salomão (Rei de Israel 970 a.C. a 930 a.C.) inicia a construção do Templo sagrado no quarto ano após o seu reinado. O período entre a libertação dos filhos de Israel no Egito e o início da construção do Templo do Rei Salomão perfaz 480 anos. Durante a construção do Templo do Rei Salomão não se ouvia barulho referente aos encontros das ferramentas metálicas sobre as pedras cúbicas (pedras polidas). A localização do Templo do Rei Salomão era considerada um espaço sagrado no Monte Moriá (Visto por Deus ou escolhido por Deus) onde deveria ter ocorrido o sacrifício de Isaque, filho de Abraão, por volta do século XIX a.C.[8], mas Deus foi benevolente com o filho de Terah.[9] Por

---

[8] Bíblia de Genebra 2ª Edição Revisada e Ampliada - Cronologia Bíblica – Cronologia do Antigo Testamento Página 1963. Editora Cultura Cristã. Ano de 2017.
[9] Para maiores detalhes e referência veja a passagem na Bíblia Gênesis Capítulo 22 versículo 1 ao 19. Consulte a Bíblia OnLine acessado em 20 de março de 2021. Site: https://www.bibliaonline.com.br/acf/gn/22

ser um local sagrado não deveria incomodar os Mestres e os operários que ali estavam e os demais presentes espiritualmente. Por este motivo, a maioria dos artefatos, pedras, madeiras foram modelados e ajustados nas pedreiras do Monte Líbano e enviado pelo mar para a cidade portuária de Jopa (Joppa, Jafa ou Yãfã) em Israel. Após o desembarque no porto de Jopa, os artefatos eram transportados para Jerusalém em terra firme a uma distante de 55 km. Atualmente a região de Jopa foi incorporada à Telavive-Jafa. Todas as peças foram fielmente catalogadas e devidamente ajustadas na edificação do Templo. O Rei Salomão nos brindou com a construção de duas colunas no pórtico da entrada do lado de fora do Templo. Cada coluna salomônica apresentava as seguintes medidas aproximadas: 09 metros de altura (em torno de 18 Côvados) e 06 metros de circunferência (em torno de 12 Côvados) O Côvado era uma medida de comprimento utilizado por diversas civilizações antigas referenciando o tamanho do antebraço, desde o dedo médio até o cotovelo (variava entre 45 cm e 67,5 cm). De acordo com o historiador Charles Webster Leadbeater, as colunas tinham as seguintes dimensões: 8,230 metros de altura, circunferência de 5,486 metros e a espessura em média de 75 centímetros (0,75 metros). A confusão das dimensões do Côvado se deve ao fato da medida imprecisa, pois cada localidade tinha uma conversão diferenciada. Existe uma passagem na Bíblia que menciona as colunas no livro de Êxodo Capítulo 13 e versículos 21 e 22, bem antes da construção do Tempo.

---

*"[21]E o Senhor ia adiante deles, de dia **numa coluna de nuvem** para os guiar pelo caminho, e de noite **numa coluna de fogo** para os iluminar, para que caminhassem de dia e de noite. [22]Nunca tirou de diante do povo a coluna de nuvem, de dia, nem a coluna de fogo, de noite."* [10] **Grifo Nosso**

A coluna do lado esquerdo da entrada externa do Templo é conhecida como: **BOAZ** ou **BOOZ** e simbolicamente representa o poder do Rei, a força, vigor, a matéria e o concreto. O Boaz era o Tataravô do Rei Salomão. O antigo nome da Coluna Boaz era conhecido como "Tat" ou "Ta-at".[11] A coluna BOAZ representava o local em que os aprendizes maçons recebiam os seus salários no período operativo.

A coluna do lado direito externo na entrada do Templo é conhecida como **JACHIN** e simbolicamente representa: estabelecer, edificar, esperança de um povo, espírito e o abstrato. Recebeu este nome baseado no Sumo Sacerdote que exercia a função de dedicação do Templo.[12] O antigo nome da Coluna Jachin era

---

10 Para maiores detalhes e referência consulte a Bíblia OnLine acessado em 25 de fevereiro de 2021. Site: https://www.bibliaonline.com.br/acf/ex/13
11 LEADBEATER, Charles Webster. grau 33 – A vida oculta na Maçonaria – Editora Pensamento – ano 2009. Página 61.
[12] HODAPP, Christopher. Revisão Técnica Kennyo Ismail. Maçonaria para Leigos for Dummies. Páginas 157 e 158. Editora Alta Books. Edição 2016.

conhecido como "Tattu".[13]

As colunas juntas (BOAZ e JACHIN) indicavam que Deus estabelecerá com a força, com grande poder e a promessa de estabilidade. Então disse Deus:

"Com força estabelecerei minha palavra em minha casa para que ela fique de pé para sempre. Depois levantou as colunas no pórtico do templo; e levantando a coluna direita, pôs-lhe o nome de Jacquin; e levantando a coluna esquerda, pôs-lhe o nome de Boaz."
[14]

Na parte superior das colunas livres BOAZ e JACHIN do Templo do Rei Salomão, existiam várias ornamentações e adornos que embelezam a coluna com componentes decorativos aos olhos dos leigos, mas com muita simbologia e segredos para os sábios. Quanto mistério! Vamos decifrar cada componente. Um dos componentes identificado na coluna Boaz era a junção de vários elos formando uma corrente. Cada junção era formada por sete elos simbolizando ramos raciais formando uma grande raças-raízes, como a comunidades de Atlântida (Ariana) e Lemuriana. O conjunto de sete correntes (festões) representam o período mundial (terrestre). Os lírios representavam a flor da humanidade simbolizando uma grande fraternidade, inocência e pureza. Na região entre o capitel (parte superior da coluna) e o fuste (coluna propriamente dita) identificamos uma grinalda de lírios, simbolizando as três etapas dos Mistérios Egípcios (Íris, Serápis e Osíris) para o iniciado. Na coluna Jachin essas mesmas grinaldas de Lírios tinham outro significado, representava a espiritualidade. Os botões na coluna Jachin denotavam a ação do Espírito Santos, a fileira do meio representava a fortaleza do Pai celestial e a parte inferior a ação do filho de Deus. As colunas Boaz e Jachin simbolizavam um grande portal do Templo, um limite entre o mundo profano e o novo mundo sagrado. Desta forma as emoções negativas, os vícios, as vontades travavam uma grande batalha neste portal deixando no lado de fora as partes negativas. O principal é vencer as paixões através da força espiritual, tornando uma pessoa purificada e justa. Assim seja, amém.

Observação:

Vale apena ressaltar que alguns Ritos adotam a posição contrária das Colunas salomônicas (Jachin e Boaz).

---

[13] Tattu é a entrada para a alma mortal que se funde com o imortal que se estabelece para sempre.
[14] Para maiores detalhes e referência veja a passagem na Bíblia 1REIS Capítulo 07 versículos 15 ao 23. Consulte a Bíblia OnLine acessado em 18 de março de 2021. Site: https://www.bibliaonline.com.br/acf/1rs/7/21+

O historiador Maçom e sacerdote da Igreja Anglicana **Charles Webster Leadbeater**[15] menciona os estudos do médico estadunidense e historiador maçônico **Albert Gallantin Mackey** que se baseava nas pesquisas das colunas BOAZ e JACHIN do Templo do Rei Salomão. As colunas aludem as promessas e a ajuda de Deus para a libertação da escravidão dos povos de Israel, massacrados pelos egípcios. As palavras abaixo foram separadas para facilitar a pesquisa, produzindo os seguintes resultados:

JAH + CHIN
A expressão "JAH" ("IAH") significa Jeová ou DEUS e "CHIN" representa estabelecer.

B + OAZ
A letra "B" significa "em" e a expressão "OAZ" representa a palavra fortaleza ou força.

Juntando todas as ideias temos:
"DEUS estabelecerá sua casa em Israel em fortaleza"

Observação:

A Bíblia de Genebra traduziu BOAZ como "por em força" e JACHIN como "firmar", mas o maçom Past Master Lionel Vibert da primeira Loja de pesquisa inglesa Quatuor Coronati (Quatro Coroados) n° 2076 afirmou que BOAZ tinha o significado de: "nele há força" e JACHIN como "Ele firmará". [16] [17]

Na minha humilde opinião, o significado é o mesmo:

Deus estabelecerá, firmará em fortaleza ou força ou mesmo nele há força para vencer os obstáculos e pagará a promessa da terra prometida para o povo de Israel.

As colunas BOAZ e JACHIN foram planejadas e construídas na planície do Rio Jordão em terras argilosas entre Succoth (cidade ao leste do Rio Jordão conhecida como Tell Deir Alla) e Zeredatha (Deir Ghassana na região de Efraim), coordenado pelo então Vigilante artífice em metais Hiram Abiff. Abiff utilizava o material de bronze fundido para modelar as colunas "J" e "B", possuía grande habilidade no manuseio do bronze e peças metálicas. O Rei Salomão considerava as colunas BOAZ e JACHIN como uma arquitetura sagrada, por este motivo solicitou que o trabalho de fundição das colunas em bronze deveria ser modelado

---

[15] LEADBEATER, Charles Webster. A vida oculta na Maçonaria. Páginas 62 a 64. Editora Pensamento Ano 2009.
[16] ESTUDOS. Os simbolismos das Colunas: Site acessado em 29 de março de 2021. http://iblanchier3.blogspot.com/2019/08/o-simbolismo-das-colunas.html
[17] HORNE, Alexander. O Templo do Rei Salomão na tradição Maçônica. Página 177 e 179. Editora Pensamento. Ano 1972.

nas terras argilosas próximas ao rio Jordão.[18] O personagem bíblico do antigo testamento, conhecido como Tubalcaim fazia parte da linhagem de Caim (filho de Adão e Eva). Ele foi considerado a primeira pessoa a manusear o cobre e o ferro, sendo conhecido como o pai dos laminadores.[19]

Nos atuais templos maçônico, as colunas BOAZ e JACHIN foram projetadas no lado interno e coberto do templo, influenciados pela obra do Rei Salomão. As lojas maçônicas não representam fielmente o Templo do Rei Salomão, apenas uma representação simbólica. Gostaríamos de ressaltar que a loja maçônica não é réplica do Templo Rei Salomão.

O nosso valoroso irmão Kennyo Ismail ressalta que a loja maçônica não é uma cópia do Templo do Rei Salomão, veremos abaixo:

"O templo maçônico na verdade é "simbolicamente inspirado" no Templo de Salomão. Vejamos: Por um acaso, nossos templos possuem o altar do holocausto com fogo? Os dez castiçais? As 400 romãs? A mesa de ouro para pães? Vasos, bacias, colheres, varais e véus? Decoração com querubins, palmeiras e flores?" [20]

No Rito Escocês Antigo e Aceito (REAA) da Grande Loja, a coluna BOAZ está localizada no lado Norte próximo ao assento do Primeiro Vigilante, Segundo Diácono e o Primeiro Experto. A coluna JACHIN está localizada no lado Sul próximo ao Guarda do Templo, Segundo Experto e no mesmo lado do Segundo Vigilante. A posição das colunas pode variar conforme o Rito e a potência. Estes símbolos deverão estar totalmente visíveis para que os Maçons possam observá-los atentamente durante a sua ritualística. As colunas BOAZ e JACHIN eram ocas, com aproximadamente 10 centímetros de espessura (04 polegadas). As colunas tinham um compartimento secreto para alojar arquivos e registros constitucionais para a fraternidade.

---

[18] LOMAS, Robert. O poder secreto dos Símbolos Maçônicos. Páginas 109,110 e 210. Editora Madras. Edição 2014.
[19] Para maiores detalhes e referência consulte Gênesis Capítulo 4 Versículo 22. Site acessado em 23 março 2021. Site: https://www.bibliaonline.com.br/acf/gn/4 e lembramos aos leitores para conhecimento de todos que a composição do Bronze simples é formada por 90% de Cobre e 10% de estanho.
[20] Para maiores detalhes e referência consulte site NoEsquadro acessado no dia 21 de março de 2021 com o título "As colunas são dentro ou fora do Templo?" Site:https://www.noesquadro.com.br/simbologia/as-colunas-sao-dentro-ou-fora-do-templo/

No Rito Escocês Antigo e Aceito na potência da Grande Loja Maçônica do Estado do Rio de Janeiro, as colunas BOAZ e JACHIN localizam-se no interior do templo e na parte superior das colunas podemos visualizar as romãs empilhadas, cujo significado são:[21]

- União de todos os maçons do universo (semente);
- Prosperidade dos Irmãos.
- Solidariedade da família maçônica.

RESUMO:

As Romãs nas colunas "B" e "J" simbolizam o amor, fraternidade, união, a fertilidade, a multiplicação (grande número de semente aglomerada) e o ambiente harmonioso, magnífico e solidário da família de uma Loja Maçônica. As colunas BOAZ e JACHIN são partes fundamentais na sessão maçônica especulativas, porém localizam-se na parte interna de um Templo Maçônico e não na parte externa conforme o design do Templo do Rei Salomão. Após a passagem entre as colunas de BOAZ e JACHIN os operativos irmãos chegavam ao pé da escada de caracol e somente era permitindo adentrar no recinto mediante a troca da palavra de passe.

---

[21] Para maiores detalhes e referência consulte o site acessado em 20 de março de 2021. Site: https://www.freemason.pt/simbolismo-das-romas/

4. Globos Terrestre e Celeste

Por volta do ano de 959 a.C., as Colunas Boaz e Jachin foram contempladas pelo artífice Hiram Abiff com os seguintes artefatos: romãs, redes, correntes, conjunto de elos, lírios, botões e muita simbologia. Alguns destes itens estão descritos na Bíblia em 1REIS Capítulo 7 Versículos 13 a 27. As Colunas Salomônicas ganharam mais adorno no decorrer dos tempos, acrescentando o Globo Terrestre e o Globo Celeste na parte superior das Colunas, ou seja, no capitel. A Bíblia menciona a origem das colunas no livro de Êxodo Capítulo 13 versículos 21 e 22. Uma das colunas simbolizava o dia (nuvem), período este relacionado ao trabalho, enquanto outra coluna nos remetia o período da noite (fogo), horário merecido do descanso dos trabalhadores.

A Maçonaria gosta muito de inovar e as vezes interpreta do seu modo para depois poder contar as suas próprias histórias, reinventando-as, chamamos este episódio de raciocínio inverso. Nós temos que ter muito cuidado com as leituras e sempre devemos analisar os fatos. Pois houve um grande erro de interpretação equivocada da palavra **"pomos"** mencionado nas escrituras sagradas. No período da construção do Templo, Salomão empregava a palavra "pomos" como sendo o Capitel.[22] Esta era a forma correta do significado da palavra. Nas Bíblias antigas podemos verificar esta passagem em 1Reis capítulo 7 versículos 15 a 19 e em 2Crônica Capítulo 3 Versículos 15 a 17. Em hipótese alguma, Salomão estava se referindo ao componente esférico ou ovoide ou mesmo globos. Erroneamente foi interpretado a palavra "pomos" como se fosse: "um ornamento de forma globular." Não teve jeito, os Globos foram introduzidos nas colunas Boaz e Jachin. Os historiadores desconhecem o período exato da inclusão dos Globos nas respectivas colunas, mas causou um grande alvoroço e muita confusão na história das Colunas Salomônicas na maçonaria. Muitos autores afirmavam que as Colunas originais do Templo Salomão tinham os Globos (Terrestre e Celeste) nos seus capitéis, desde a época da finalização do Templo. Isto não é verdade, temos que ter muito cuidado ao analisar os fatos históricos. Os Judeus do Templo do Rei Salomão acreditavam que a Terra fosse plana e não esférica. Como um símbolo do Globo Terrestre iria ser representado por uma esfera, se nesta época eles consideravam a terra plana? Nesta época seria até uma heresia realizar tal afirmação, com pena de morte. Os Filósofos gregos pré-socráticos (Sócrates 469 a.C. a 399 a.C.) ainda acreditavam que a terra era plana. A discursão do formato

---

[22] HORNE, Alexander. O Templo do Rei Salomão na tradição Maçônica. Páginas 193. Editora Pensamento. Ano de edição 1972.

da Terra foi desvendada depois de 400 anos da construção do Templo pelo filósofo Matemático e Grego Pitágoras de Samos (571 a.C. a 490 a.C.) no século VI a.C. [23] O filósofo grego Aristóteles concordou que a Terra era esférica por volta do ano de 330 a.C. e gradualmente começaram a disseminar a ideia do formato esférico da Terra, ao invés da terra plana.

Outro aspecto histórico mais recente observados nas lojas que tinham a obediência das práticas francesas como a Loja Zur Hoffnung em Berna na Suíça foi verificado o certificado expedito no ano de 1804 d.C. que representava as colunas "B" e "J" sem os Globos (Terrestre e Celeste), mantendo assim o projeto original do Templo.

Por volta do ano de 1794 foi registrado na Ata da Loja Apollo n 301 na cidade de Alcester na Inglaterra a compra de peças individuais de mobiliário de globos, os quais eram depositados em receptáculos e montados no chão sem quaisquer menção ou associação com as colunas.[24]

---

[23] Enciclopédia Britânica afirma que o estudo da forma esférica da terra é atribuído as pesquisas do Grego Pitágoras de Samos no século VI a.C.
[24] HORNE, Alexander. O Templo do Rei Salomão na tradição Maçônica. Páginas 191 a 193. Editora Pensamento. Ano de edição 1972.

5. Romã ou Globo?

N a literatura maçônica existem poucas explicações sobre os símbolos que adornam os capitéis nas colunas Boaz e Jachin. Os artefatos visíveis nos capitéis das colunas estão descritos e sinalizados nos respectivos rituais e painéis do grau de Aprendiz e Companheiro maçom. Porém cada grau terá um artefato diferente. No Ritual de Aprendiz maçom (grau 1) podemos observar as três romãs entreabertas acima dos capitéis, conforme a passagem da Bíblia em 1 REIS Capítulo 7 e Versículo 41 e 42.[25] Nesta época as Romãs eram frutas muito utilizadas no Oriente Médio. No Ritual de Companheiro Maçom (grau 2) este artefato é substituído pelos Globo Terrestre na coluna BOAZ e o Globo Celeste na coluna JACHIN. Ambos fazem parte dos painéis dos graus maçônicos de Aprendiz e Companheiro maçom. O painel do grau de Mestre não menciona nenhuma coluna. Foram introduzidos o Globo Terrestre e o Globo Celeste nas colunas da maçonaria, após a influência dos versículos bíblicos de Genebra no século XVI e muito além da finalização do Templo do Rei Salomão (959 a.C.). Os elos das correntes na Coluna Boaz aludem o período mundial onde o poder do Rei exerce sobre as nações, porém na coluna Jachin percebemos que o significado altera para uma cadeia planetária, onde o poder do Sacerdote reina sobre o Céu.[26] Por este motivo podemos verificar que acima do capitel da coluna Boaz (Coluna B ou Tat) temos uma representação do globo terrestre, enquanto na parte superior da coluna Jachin (Coluna J ou Tattu) temos uma figura que representa o globo celeste simbolizando o sistema planetário e as Constelações do Zodíaco (grau de Companheiro). O Zodíaco tem uma forte ligação entre o Setenário dos Planetas (Astronomia):

---

[25] **ROMãS:** Passagem na Bíblia em 1 REIS Capítulo 7 e versículos 41 a 42
[26] LEADBEATER, Charles Webster. grau 33 – A vida oculta na Maçonaria – Editora Pensamento – ano 2009. Página 68, 69 e 70.

- Sol: Constelação de Leão;
- Lua: Constelação de Câncer;
- Mercúrio: Constelações de Gêmeos e Virgem;
- Marte: Constelações de Áries e Escorpião;
- Vênus: Constelações de Touro e Balança;
- Júpiter: Constelações de Peixes e Sagitário;
- Saturno: Constelações de Aquário e Capricórnio.

Havia grande pretexto para os Maçons tirarem os <u>Globos</u> das mesas como mobília e artefato do chão para serem finalmente introduzidos nos capitéis das colunas (BOAZ e JACHIN):

Por volta do ano de 1598, o poeta francês Guillaume de Salluste Du Bartas escreveu uma poesia de muito sucesso conhecido *como "La Sepmaine" com uma tiragem de 42 edições (1578 a 1632)*. Esta obra era de categoria profana e não tinha nenhuma característica com a maçonaria. A edição de sucesso *"Divine Weeks and Workes"* relatava sobre a criação do mundo primitivo conforme a passagem Bíblica do Livro de Gênesis. A ilustração da página de rosto desta edição continha duas colunas que representavam as quatros artes e Ciências liberais (Aritmética, Astronomia, Geometria e Música). Em cima das colunas tínhamos as esferas que representavam o globo terrestre e o mapa dos céus.

O ministro da Igreja Presbiterana do Canadá Robert Balgarnie Young Scott (1899-1987) fez uma conexão entra as Colunas do Rei Salomão e o par de Obeliscos da entrada do Templo Carnaque (Karnak) no Egito. [27] O templo Carnaque foi finalizado no ano de 360 a.C. na margem direita do Rio Nilo. Na parte superior dos monumentos egípcios continha globo que simbolizava a adoração ao sol. O Robert B.Y. Scott também ajudou na recuperação dos fragmentos dos Manuscritos do Mar Morto. [28]

A Bíblia de Genebra também influenciou com a inclusão dos Globos nas colunas BOAZ e JACHIN no século XVI, quando erroneamente traduziu capitel como ornamento globular. Durante o reinado da Rainha inglesa Maria Tudor (1553 a 1558) houve uma grande perseguição aos protestantes e principalmente os estudiosos da Bíblia. Eles exilaram em Genebra na Suíça porque além de possuir um regime de república, existia também a liberdade religiosa neste país. A Bíblia de Genebra foi publicada no ano de 1560 e desde esta época já influenciava os historiadores e os maçons. A Bíblia se tornou muito popular entre os ingleses e principalmente fora utilizada por pessoas ilustres como: William Shakespeare, o líder militar Oliver Cromwell, o senhor John Bunyan autor do livro "O Peregrino. A Viagem do Cristão à cidade Celestial" e por vários ministros, presbiterianos, anglicanos e batistas. A Bíblia teve uma grande abrangência devido as notas

---

[27] Site acessado em 30 de março de 2021.
Site: https://www.rlmad.net/rlmad/pranch-publ/simbolismo-maconico-das-duas-colunas/
[28] HORNE, Alexander. O Templo do Rei Salomão na tradição Maçônica. Páginas 194 e 195. Editora Pensamento. Edição 1972.

auxiliares de estudos, separação em versículos, várias ilustrações, temas explicativos e uma linguagem de fácil entendimento para os ingleses. A Bíblia de Genebra é considerada uma das mais populares Bíblia no idioma inglês.

As inspirações para inserir os Globos nas Colunas podem ter sido influenciados pelos Templos Egípcios, Templo de Hércules, uma obra não maçônica ou de qualquer outro modo, porém há um extenso número de estudiosos para descobrir os mistérios e os segredos das várias colunas gêmeas.

CURIOSIDADES:

Direita ou Esquerda, eis a questão?

Fica muito difícil identificar as posições das colunas no Templo se elas estão no lado **Direito** ou no lado **Esquerdo**. A primeira pergunta que fazemos é: Onde está posicionado o observador? Ele está alocado no lado externo do templo ou no interior do templo? Dependendo da localização do observador tudo mudará e as posições ficarão invertidas. Como posso saber? Existe algum Norte? A reposta é simples: Sim, existe uma referência. Os antigos hebreus referenciavam os quatro pontos cardeais. O observador obrigatoriamente deverá olhar para o Sol Nascente, ou seja, para a direção LESTE (frente). Desde modo a posição da DIREITA equipara a posição geográfica SUL, e a posição da ESQUERDA equipara a posição geográfica NORTE, e pôr fim a retaguarda será a posição OESTE (parte de trás). Deste modo não haverá erro de interpretação nas posições, devidamente referenciadas.

6. Colunas Gregas

Ábaco

Capitel

Fuste

Jônica   Dórica   Coríntia

As inspirações das artes das arquiteturas provêm da própria natureza quando comparamos as ramificações dos galhos de uma árvore como capitéis, interligados com o tronco assemelhando o fuste da coluna e finalmente uma raiz sólida e compacta tal qual a base de uma coluna fortificada. A palavra **Coluna** vem do Latim como: *"columnae"*, que significa sustentáculo vertical. As ordens de arquitetura (Gregas e Romanas) mais antigas iniciaram todo o processo de uma forma simples e singela. Os antigos utilizavam madeiras nas suas construções como sustentações e ornamentações. Eram os únicos meios para sustentar uma pequena edificação. Os Mestres construtores estavam galgando monumentos mais audaciosos e esplendorosos. Para manter as estruturas mais robustas estáveis das novas edificações composta por parte sólida de pedra, os construtores almejavam colunas bem firmes e imponentes para sustentar os seus Templos. Foram criadas três colunas Gregas para satisfazer a nova necessidade de edificação:

- Jônica;
- Dórica;
- Coríntia.

Coluna Jônica
(Coluna Grega)

As colunas mais antigas da época sustentavam as famosas edificações, monumentos ao ar livre, catedrais e Templos. Nesta época as colunas existentes tinham uma arquitetura tosca, retilínea e masculina, faltava a graciosidade, a elegância e a simetria da beleza e delicadeza da mulher. Por este motivo foi idealizado a construção de uma coluna que tivesse ambas as características de força e da beleza. Por esta razão foi criada a coluna Jônica. A coluna Jônica possui uma altura cerca 09 vezes o valor do seu diâmetro. A ordem clássica grega jônica teve a origem na região dominada pelos povos jônios, a partir do século V a.C. Os povos jônios habitavam as regiões próxima a Ásia Menor, acima da Ilha Creta e aos arredores de Atenas, banhado pelo mar Egeu, logo após o Mar Jônico. O Mar jônico é a continuação do Mar Mediterrâneo no lado da Ásia. Estas regiões foram fortemente influenciadas pela Grécia asiática. A coluna Jônica recebeu este nome em homenagem aos povos jônios, sendo idealizada após a criação da coluna Dórica que representa a força. Os Jônios fundaram Atenas na Grécia Antiga. Na parte superior da coluna Jônica podemos observar a presença dos capitéis ornamentados com duas volutas (forma de ornamento do tipo espiral ou pergaminho). O Templo Grego Erecteion foi considerado o mais bonito monumento no estilo jônico construído entre os anos de 421 a 406 a.C. Por volta do século VI a.C na cidade antiga de Éfeso (centro da Turquia) foi também erguido no estilo Jônico, o famoso templo de Diana ou Templo de Ártemis. Este templo demorou mais de 200 anos para ser finalizado e foi considerado como uma das sete maravilhas do mundo antigo. Na mitologia romana, Diana era considerada a deusa da lua e da caça e era filha de Júpiter. Na Maçonaria existe uma miniatura na forma de uma coluna Jônica que fica localizada sobre a mesa do Venerável Mestre no lado Oriental do Templo, simbolizando a **SABEDORIA** (Atena, deusa da sabedoria) como uma lei natural. Esta coluna alude ao nosso Venerável Mestre e é o primeiro objeto indispensável na ritualística.

O maçom historiador Ernest Wood no seu livro "Os Sete raios" menciona um dos três atributos de Deus e o Espírito Santo, que constituem o sustentáculo da sabedoria divina no mundo objetivo:

"A mente universal, o mundo das ideias, o reservatório dos arquétipos que assinala as possibilidades das formas materiais e suas relações, segundo aparecem nas que os cientistas chamam leis naturais, isto é, a sabedoria do Divino Arquiteto, os seus planos estabelecidos."

Coluna Dórica
(Coluna Grega)

A coluna grega Dórica é considerada a mais antigas e rústica de todas as ordens arquitetônicas gregas, supostamente criada entre ao anos de 600 a 550 a.C. A coluna Dórica é desprovida de uma base, possui um capitel muito simples no formato quadrangular na parte de cima (ábaco) e uma almofada na parte debaixo (equino) e a estrutura principal possui vinte estrias ou sulcos verticais (caneluras). A coluna Dórica possui uma altura cerca 08 vezes o valor do seu diâmetro, sendo a menor das arquiteturas gregas em relação a proporção. Representa a força, austeridade, rudez e a masculinidade. A coluna Dórica enfatiza a robustez ao invés da beleza. Doro era filho de Heleno com a ninfa das águas conhecida como Ftia. Doro reinou sobre Acaia e toda a região de Peloponeso. [29] A ordem clássica grega Dórica teve a origem na região dominada pelos povos **Dóricos**, os quais habitavam as regiões da Grécia Peninsular na península de Peloponeso desde o ano de 1200 a.C. Os Espartas eram militares, muito rústico, brutos e descendentes dos povos Dóricos. Por este motivo a criação da coluna rústica Dórica foi influenciada pelos povos desta região. A localização da Grécia Peninsular compreende as regiões entre: Peloponeso, Argos, Micenas, Esparta e Olimpia, banhados pelos mares: Mar Jônico no lado esquerdo e Mar Egeu no lado direito.[30] Provavelmente, a coluna originou de uma construção muito primitiva de madeira. As colunas Dóricas são mais robustas em relação das demais e assentadas no chão sem a existência de uma base sólida. Os construtores mais antigos utilizavam as colunas Dórica no nível mais baixo (térreo) da construção para garantir a rigidez e a sustentação da edificação. Foi considerada a coluna mais barata para ser fabricada, devido a sua simplicidade com a ausência das ornamentações. Foram construídos ao estilo Dórico os seguintes Templos: o Templo de Hefesto em Atenas, Templo dos Delianos (476 a.C.) na ilha de Delos e o Parthenon (447 a 428 a.C.) no município de Atenas. Na Maçonaria existe uma miniatura na forma de uma coluna Dórica que fica localizada sobre a mesa do Primeiro Vigilante no Ocidente do lado Norte do Templo, simbolizando a **FORÇA** (Hércules, semideus da força), como uma energia natural. Esta coluna alude ao nosso Primeiro Vigilante e é o segundo objeto indispensável na ritualística. O maçom historiador Ernest Wood no seu livro "Os Sete raios" menciona um dos três atributos de Deus e o Espírito Santo, que constituem o sustentáculo da força no mundo objetivo:

"A invisível energia de que está cheio o mundo, com a qual se contribuíram todas as coisas visíveis, e é a força de DEUS Espírito Santo."

---

[29] POLIÃO, Marcos Vitrúvio. Tratado de Arquitetura, traduzido do latim por M.Justino Maciel. Origem mítica da ordem dórica Página 201. Martins Editora. Ano 2006.
[30] Fonte: Atlas Histórico Enciclopédia Britânica página 16. Ano 1977.

Coluna Coríntia
(Coluna Grega)

A coluna grega Coríntia é uma evolução da coluna Jônica com ornamentações mais aprimorada, valorizada, rica em detalhes e nuances. A coluna Coríntia é a mais bela de todas as ordens, enfatizando a delicadeza feminina. Esta coluna é mais alta do que a ordem Jônica, medindo cerca 10 vezes o valor do seu diâmetro. A ordem Coríntia foi criada entre os séculos V a.C. a IV a.C. A ordem clássica grega Coríntia teve a origem na região conhecida como Corinto. A cidade de Corinto é próxima a região do Peloponeso na Grécia. Muitos historiadores descrevem que a cidade de Corinto surgiu na era neolítica [31] em 6.000 a.C. sendo fundada por Corinto, filho de Zeus. O arquiteto romano Marcos Vitrúvio Polião (80 a.C. a 15 a.C.) descreve que a Coluna Coríntia foi criada pelo escultor arquiteto grego Calímaco (V a.C.), mencionado na obra literária "Da Arquitetura Livro 4" de Vitrúvio". A obra Vitrúvio relata que Calímaco teve a inspiração de criar viçosas folhas em volta da coluna Coríntia ao observar um túmulo de uma jovem dama, percebendo que havia um cesto coberto e envolto com as folhas e raiz de acanto dobradas para baixo. Calímaco adapta esta imagem a sua criação. [32] [33] O capitel é formado por duas fileiras de folhas e broto de acanto [34] (uma planta silvestre na Sicília sul da Itália e Grécia) com pontas curvada para fora e oito volutas que compõe o ábaco. As estrias ou sulcos verticais (caneluras) são todas trabalhadas e semicilíndricas. A qualidade e os estilos principais desta coluna estão associadas com a precisão dos detalhes encravados nesta ordem, uma verdadeira obra de arte. Foram construídos no estilo Coríntia os seguintes Templos: Apollo Epicurius em Bassae na Arcadia (450 a.C. a 420 a.C.), Templo de Zeus Olímpico (Olimpeu), no Centro de Atenas (Século VI a.C.), Monumento Corégico de Lisícrates, construído no ano de 334 a.C e a agência Central de Correios em Nova Iorque. Na Maçonaria existe uma miniatura na forma de uma coluna Coríntia que fica localizada sobre a mesa do Segundo Vigilante no Ocidente do lado Sul do Templo, simbolizando a **BELEZA** (Afrodite, deusa da beleza), deus na matéria. Esta coluna alude ao nosso Segundo Vigilante e é o terceiro objeto indispensável na ritualística.

---

[31] **ERA NEOLÍTICO**: Também conhecida como o **período da Pedra Polida**. A Era Neolítica compreendia desde o período histórico do ano de 10.000 a.C. até 3.000 a.C., agrupando à Idade dos Metais: **Idade do Bronze**: 3.300 a.C. a 700 a.C.; **Idade do Ferro**: 1.200 a.C. a 1.000 a.C.; Mesolítico: 13.000 a.C. a 9.000 a.C.; **Neolítico**: 5.000 a.C. a 3.000 a.C.

[32] POLIÃO, Marcos Vitrúvio. Tratado de Arquitetura, traduzido do latim por M.Justino Maciel. A ação do escultor Calímaco - Página 204. Martins Editora. Ano 2006.

[33] PRESTON, William. Esclarecimentos sobre Maçonaria. Página 77. Editora Arcanum. Ano 1772

[34] **FOLHA de ACANTO**: Acanthus mollis é uma herbácea que pertence à família Acanthaceae, nativa nas regiões da África e de Portugal, medindo cerca de 50 a 80 cm de altura, possui uma folhagem ornamental. Esta folha foi considerada pelos historiadores como uma grande inspiração na criação dos designs das ordens das colunas Gregas Coríntia.

O maçom historiador Ernest Wood no seu livro "Os Sete raios" menciona um dos três atributos de Deus e o Espírito Santo, que constituem o sustentáculo da beleza no mundo objetivo:

> *"O visível mundo de objetos materiais, fundado na beleza, pois Deus aparece nas coisas como beleza."*

CURIOSIDADES:

Durante a Ritualística nas lojas maçônicas é possível visualizar o posicionamento alternado (em pé ou deitado) das colunas Dórica e Coríntia em miniaturas nas respectivas mesas dos cargos dos Vigilantes (1°VIG∴ e 2°VIG∴).

Vamos decifrar este segredo!

A miniatura da Coluna Jônica localizada na mesa do Venerável Mestre fica sempre na posição vertical, ou seja, em pé em todo o momento ritualístico. Esta posição indica que a **sabedoria** deve estar presente em todo o instante da sessão maçônica, reinando de uma forma absoluta em alusão ao Rei Salomão (o mais sábio de todos os reis). A miniatura da Coluna Dórica localizada na mesa do Primeiro Vigilante fica erguida na posição vertical, quando a loja está efetivamente trabalhando durante o período do meio-dia (o Sol encontra-se no Zênite) à meia-noite (alude o fim do horário de trabalho). Este período equivale a lua quarto-crescente, símbolo da maçonaria, nascendo ao meio-dia e se pondo a meia-noite. A coluna do primeiro vigilante representa a **força**, para que os construtores possam erguer as colunas e as pedras durante a sua jornada de trabalho árduo (atividade divina). A miniatura da coluna do Segundo Vigilante (**beleza**) está na posição horizontal, ou seja, deitada. Neste instante, todos os pedreiros livres estão trabalhando. As colunas dos Vigilantes se revezam quando a loja altera o status de trabalho para o descanso, ou seja, a loja não está realizando nenhum tipo de trabalho. Os pedreiros livres quando estão aptos para o descanso diário, a coluna Dórica (**força**) está deitada na posição horizontal indicando o repouso, porque não necessita mais de esforço (**força**), enquanto a coluna Coríntia que representa a **beleza** está na posição vertical, em pé, representando a folga dos trabalhadores. Nesta posição (coluna Dórica deitada e coluna Coríntia em pé) os trabalhos estão encerrados pois chegou o horário da noite, nos remetendo ao descanso no período da meia-noite ao meio-dia.[35]

---

[35] LEADBEATER, Charles Webster. grau 33 – A vida oculta na Maçonaria – Editora Pensamento – ano 2009. Página 53 e 59.

7. Colunas Romanas

Toscana   Compósita

Coluna Toscana
(Coluna Romana)

A coluna romana Toscana_ apresenta um estilo mais simples e rudimentar, buscando a solidez evitando o supérfluo. A Coluna Toscana é menor do que a coluna Jônica em altura, medindo cerca 07 vezes o valor do seu diâmetro. Esta coluna é considerada a primeira do rank no quesito de simplicidade em relação as cinco ordens da arquitetura e é considerada a mais antiga da arquitetura romana. Podemos assim descrever a coluna Toscana: na parte superior o capitel possui uma aparência simplista e sem ornamentações, o corpo da coluna é solido sem detalhes, completamente liso, sem estrias verticais e a sua base apresenta uma geometria muito simples e compacta. Esta coluna pertence a ordem romana, sendo uma das primeiras colunas clássicas desenvolvida na cidade de Roma.[36] A característica principal desta coluna é a sua robustez e a identidade masculina, sendo aplicadas nas edificações utilitárias e militares. O arquiteto romano Marcos Vitrúvio Polião considerava esta coluna Toscana adequada para as fortificações e as prisões. A coluna Toscana recebeu este nome devido à região de Toscânia na Itália, localizada no centro oeste, banhada pelo Mar da Ligúria e o Mar Tirreno. Tosco é o habitante da cidade de Toscana na Itália que fazia alusão as pessoas que viviam no bairro etrusco de Roma. Nos anos de 300 a.C., os povos Toscos lutaram contra Roma, tornando-os grandes rivais nesta época, sendo absolvido pelo império romano no decorrer dos tempos. Por este motivo a palavra tosco refere-se a uma pessoa que não tem cultura, rude, ingrata, grosseira e insensata. Provavelmente esta coluna que não possui ornamentação (beleza) e a característica marcante rudimentar foi batizada como **TOSCA**na. Foram construídos no estilo Toscano as obras no: Jardim do convento de Inigo em St. Pauls (São Paulo) na Inglaterra no ano de 1618, Igreja Católica Santa Maria della Pace (Igreja de Santa Maria da paz) na região de Cortona em Roma projetado no ano de 1565 pelos arquitetos Pietro de Cortona e Donato Bramante, Palazzo Massimo alle Colonne (Palácio) em Roma inaugurado em 1536 e projetado pelo arquiteto Baldassare Peruzzi e o Luxuoso Palácio de West Wycombe Park

---

[36] LOMAS, Robert. O Poder secreto dos Símbolos Maçônicos. Páginas 226 e 227. Editora Madras, Ano 2014.

localizado na Inglaterra no condado Buckinghamshire construído entre os anos de 1740 a 1800. [37]

Definição da coluna Toscana pelo inglês diplomata e político Sir Henry Wotton:

"... um pilar plano, sólido e rural, que se assemelha a um trabalhador robusto e de corpo bem trabalhado, vestido de maneira caseira." [38]

Coluna Compósita
(Coluna Romana)

A Coluna Compósita de origem romana é a junção das características principais das arquiteturas Gregas das colunas Jônica com a Coluna Coríntia. Esta coluna possui uma altura aproximada de 10 vezes o valor do seu diâmetro. Podemos assim descrever a coluna Compósita: na parte superior do capitel existem quatro volutas (formato espiral) característica principal da ordem Jônica e várias ornamentações que lembram as folhas de acanto associadas a ordem Coríntia, o corpo da coluna (fuste) é formado por várias estrias verticais com bordas e a sua base bem compacta. Esta coluna também pertence a ordem romana clássica, considerada como uma ordem Coríntia tardia ou uma releitura desta coluna, representando a formosura, a força, o poder e a riqueza. A coluna Romana Compósita foi utilizada na construção do Arco do Tito na cidade de Roma por volta do ano de 82 d.C., que celebrava a conquista e a destruição do Templo de Jerusalém da era Herodes pelo comandante militar romano Tito Flávio César Vespasiano Augusto (ano 70 d.C.). O arquiteto Andrea Palladio também utilizou as colunas Compósita na fachada da Igreja de San Giorgio Maggiore na cidade de Veneza, na Itália por volta do ano de 1565. No ano de 1638, o arquiteto Francesco Borromini idealizou a Igreja Barroca San Carlo Alle Quattro Fontane (Igreja de São Carlos nas quatro fontes) na cidade de Roma ao estilo da ordem Compósita, dedicado à libertação dos escravos cristãos.

A palavra **Compósito** derivada do latim como *"compositus"* tem o significado de: combinado, composto, regulado, calmo e tranquilo. Relativo à ordem

---

[37] Para maiores detalhes e referência consulte o site acessado em 25 de março de 2021. Site:http://www.patrimoniocultural.gov.pt/media/uploads/revistaportuguesadearqueologi a/11.2/13_14_15_16/13_p.231-270.pdf

[38] Referência ao livro "Os elementos da Arquitetura" ano de 1624 do autor Henry Wotton, sendo uma tradução livre do livro *"De Architectura"* do autor Marcus Vitruvius Pollio no ano de 27 a.C. dedicado ao imperador Augusto.

compósita. Um dos significados que enquadra a origem da Ordem Compósita é que os arquitetos antigos estavam ávidos pela modernização da arquitetura das colunas.

O autor Robert Lomas na sua obra "O poder secreto dos Símbolos Maçônicos" relata a passagem referente a coluna Compósita:

> *"A Compósita mostra como todos os ensinamentos do ofício devem ser reunidos para formar uma estrutura que exiba **Força**, **Sabedoria** e **Beleza** de acordo com o aspecto do qual é vista."*[39]

[39] LOMAS, Robert. O Poder secreto dos Símbolos Maçônicos. Página 229. Editora Madras, Ano 2014.

8. Pórtico e o Sanctum Sanctorum

Nos estudos da Maçonaria, o Santo dos Santos representa o local sagrado conhecido como Sala do Tabernáculo desde os tempos de Moisés e o seu irmão Aarão na busca da terra prometida do povo de Israel no deserto do Sinai até a construção do Templo do Rei Salomão (diferença de 480 anos). O Santo dos Santos também é conhecido como *"Sanctum Sanctum"* em Latim ou em Hebraico *"Kodesh Hakodashim" ou em inglês "Holy of Holies"*. Este local sagrado guardava a famosa *Arca da Aliança (Aron Habrit). A Arca da Aliança simbolizava a presença do Criador* e guardava os principais artefatos da aliança entre Deus e o povo de Israel, conforme promessa da libertação dos povos de Israel no Egito. A Arca da Aliança continha: a vara de Aarão (primeiro Sumo Sacerdote de Israel), um pote contendo Maná (único alimento do refúgio do povo de Israel conduzido pelo Moisés) e as duas tábuas da lei (contendo os 10 mandamentos). A Arca da Aliança tinha dois Querubins de ouro na parte superior, um defronte do outro com as faces voltadas para baixo como se estivesse em oração, conforme a passagem da Bíblia em Êxodo Capítulo 25 Versículo 1 a 40. A Arca era feita de madeira de acácia e toda foleada em ouro por dentro e por fora. Os historiadores alegavam que a Arca tinha uma massa aproximada de 500 kg. Para termos o acesso a este local sagrado devemos primeiro adentrar através de um pórtico entre as Colunas, iluminada por uma irradiação divina, proveniente da trapeira. A trapeira é uma janela ou fresta localizada na parte superior e posicionada no Oriente, permitindo a entrada dos raios do sol nascente que brilham mais durante o período do equinócio (período do dia igual ao da noite - equilíbrio). A trapeira devidamente posicionada permitia que os raios dourados solares (aurora – nascer do sol) iluminasse o local sagrado no seu interior, em perfeita harmonia e equilíbrio (equinócio). Algumas Potências substituíram a palavra Trapeira dos rituais pela Lâmpada Mística, mas isto é um só detalhe. A entrada no Templo nos remete que quando a nossa alma está na escuridão, ela precisa de mais luz divina, para ter o conhecimento e a Glória de Deus. Façam se a Luz. E a Luz assim foi feita. O Pórtico, o Santo local e o Santo dos Santos aludem que nós devemos adornar e fortalecer as nossas almas e o nosso caráter antes de transcender quaisquer ações, temos que ter a consciência das nossas atitudes e não devemos jamais ultrapassar os nossos limites delineados pelo círculo traçado pelo compasso, quando somos apenas um ponto de um lápis do arquiteto. **Deus acima de tudo.**

O autor do Livro Maçonaria Dissecada, Samuel Prichard no ano de 1730, descreve esta passagem:

> **"Qual é a Joia do Mestre?** *Consiste de um Pórtico, uma janela e um Pavimento Mosaico Quadriculado.*
> **Explique-os?** *O Pórtico da entrada do Santo dos Santos; a Janela ou Trapeira e o Pavimento Quadriculado, no chão do Templo."* [40]

Para exercer as funções de culto e trabalhos religiosos, DEUS escolheu apenas a tribo de Levi, descendentes de Aarão. Nesta classe sacerdotal existia apenas três graus hierárquicos:

- Levitas;
- Sacerdote;
- Sumo Sacerdote.

O Sumo Sacerdote, descendente de Aarão, era o único que poderia entrar no Santo Sanctorum, sendo permitido a sua visita uma vez por ano, conhecido como o Dia da Expiação. Por este motivo, o próprio Moisés teve que consagrar seu irmão Aarão com óleo santo tornando-o primeiro Sumo Sacerdote de Israel. No dia da Expiação ou Dia do perdão é feito um jejum, oração e sacrifício de animais (naquela época) para eliminar os pecados de Israel, purificando a todos. O Dia da Expiação também é conhecido como Yom Kippur, uma festa comemorada pelos Judeus. O Dia da Expiação é realizado no décimo dia do mês hebraico Tishrei do calendário religioso. Normalmente esta data cai entre os meses de setembro e

---

[40] PRICHARD, Samuel. Maçonaria Dissecada Página 67. Editora A Trolha. Ano 1730.

outubro no calendário Gregoriano.

A veste do Sumo Sacerdote (*"anarabachem"*) continha pequenos sinos de ouro para alertar que o Sumo Sacerdote estava em plena atividade no local sagrado. Antes de entrar no Santo dos Santos, o Sumo Sacerdote tinha que envolver uma corda no seu tornozelo, para permitir a sua retirada deste local sagrado, se houvesse algum sinistro com ele. A ausência dos sons do sino do Sumo Sacerdote na ala sagrada indicava um alerta, um possível problema. Lembramos que ninguém poderia entrar neste local, mesmo para oferecer ajuda para uma pessoa tão ilustre e nobre. O Pórtico e o Santo dos Santos fazem parte da ritualística maçônica (símbolos) e consequentemente das instruções dos graus avançados dos irmãos em loja.

9. Pavimento Mosaico

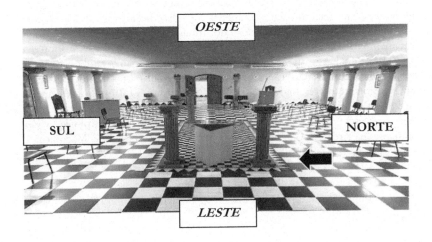

O que é mosaico?

O termo em grego da palavra mosaico é: *"mouseín"*, nos remete a antiguidade grego-romana do século XII a.C. O Mosaico é uma reunião de diversas peças formando uma arte decorativa com figuras geométricas ou abstratas. Foi encontrado um registro do uso de um mosaico feito em 3.500 a.C. na cidade de Ur na região Mesopotâmia, atual província Dhi Qar no Iraque. É uma imagem ou padrão visual criado por uma combinação de pequenas peças ou fragmentos de pedras de várias cores sobre uma superfície, fixados por um cimento ou argila. Em hipótese alguma não podemos associar somente o mosaico aos quadrados de cores pretas e brancas, existem outras combinações de componentes e objetos monocromáticos ou coloridos.

Pavimento Mosaico

O Pavimento Mosaico, a Orla Dentada e a Estrela Flamejante fazem parte do ornamento de uma loja maçônica. Dependendo do Rito e da Potência, o Pavimento Mosaico poderá ser representado apenas em uma parte central do Templo simbolizando o local sagrado do Santo dos Santos (Sanctum Sanctorum) ou mesmo edificado sobre o piso completo de uma Loja ocupando toda a área do ocidente. Como já sabemos, o Sumo Sacerdote era a única pessoa autorizada para adentrar neste recinto sagrado apenas no dia da Expiação. Desta forma concluímos que haverá uma restrição dos irmãos neste local, para quem adotar o Pavimento Mosaico no centro da loja. Apenas os cargos maçônicos responsáveis para abrir e fechar o Livro da lei (Bíblia) e deslocar o painel simbólico do grau correspondente estarão autorizados para circular neste local sagrado, simbolicamente representando o Sanctum Sanctorum. O Rito Escocês Antigo e Aceito influenciado pelos hábitos religiosos franceses, com uma pitada latina e vários acréscimos de características não maçônicas da Astrologia, Cabala, numerologia e religião Católica conseguiram desconfigurar a Loja Maçônica:

- Criaram Templos elevados (oriente acima do ocidente);
- Instalaram Balaustradas (separação Oriente e ocidente);
- Implantaram espadas na ordem (operativos não utilizavam espadas);

Representaram a orla dentada em conjunto com a corda de 81 nós sobre as colunas zodiacais na mesma loja maçônica, sabemos que são excludentes (ou Orla ou Corda); E diversas discrepâncias.

As influências francesas, inglesas e católicas na maçonaria são polêmicas e históricas. Como eles são tão criativos? O objetivo desta literatura é focar quais são os tipos de design de uma loja atualmente edificada, para que o aprendiz ou mesmo o leitor não maçom possa entender os símbolos quando visitar uma loja maçônica.

Vamos esquecer o nosso ritual e o paradigma, e vamos para a história!

Fizemos uma pesquisa para demostrar ao leitor as considerações e visões de cada personagem ilustre ao longo dos tempos da nossa história (*"Timeline"*), referente a análise do Pavimento Mosaico.

Agora, nós iremos enfatizar as percepções, as histórias, os comentários e as passagens de cada personagem refrente ao símbolo <u>Pavimento Mosaico</u>:

Governadores Romanos
(Pavimento Mosaico)

Os governadores romanos erguiam os tribunais em um local público e aberto para realizar os julgamentos as vistas da população. O governador romano da Judeia Pôncio Pilatos (26 d.C. a 36 d.C.) construiu seu assento de julgamento em um lugar chamado de "o Pavimento" que no original grego é conhecido como sendo: *"Litóstrotos"* e em hebraico *"Gabatah"* (pavimento). Podemos visualizar esta passagem Bíblica em João Capítulo 19 Versículo 13:

" 13 Então Pilatos, ouvindo este dito, levou fora a Jesus, e sentou-se no tribunal, no lugar chamado Litóstrotos, ou pavimento, e em hebraico Gabatá." [41]

Este local especial do Pôncio Pilatos era pavimentado com um mosaico de pedras sortidas coloridas. Os Mosaicos faziam parte dos costumes da arquitetura romana, bem como os seus corriqueiros julgamentos.

---

[41] Para maiores detalhes e referência consulte a Bíblia OnLine acessado em 06 de abril de 2021. Site: https://www.bibliaonline.com.br/acf/jo/19

Bíblia de Genebra
(Pavimento Mosaico)

No século XVI, o Rei Henrique VIII (Rei da Inglaterra e Irlanda - 1509 a 1547) desafiou a Igreja Católica na gestão do Papa Clemente VII (219 º Papa 1523 a 1534) com o objetivo de anular o seu casamento com a Catarina de Aragão. O Papa Clemente não anulou o casamento com a Catarina e o Rei Henrique VIII cortou as relações com a Igreja Católica criando a sua própria igreja Protestante como decisão estratégica. Lembramos ao leitor que o Rei Henrique VIII tinha grande conhecimento cristão e dos assuntos relacionados a Bíblia, as vezes dominava mais a disciplina do que alguns religiosos e Bispos da época. O Rei Henrique VIII era um grande poliglota, escrevia e falava inglês, francês e latim fluentemente. No seu reinado fazia várias anotações e ministrava palestras, para promover a reforma da igreja que tanto desejava. No ano de 1534, Henrique autoriza a tradução da Bíblia para o inglês, que nesta época era uma grande heresia, e a obra ficou conhecida como a "Bíblia dos Bispos". Após a morte do Rei Henrique VIII, a sua filha católica fervorosa e sanguinária a Rainha Maria I (Rainha da Inglaterra e Irlanda – 1553 a 1558) assume o trono e proíbe o protestantismo na Inglaterra causando grandes perseguições aos religiosos. Vários protestantes estudiosos na Inglaterra fogem para Genebra na Suíça, cujo regime era republicano e a fé protestante era completamente livre neste país. O estudioso William Whittingham e os demais protestantes publicaram por volta do ano 1560 a completa Bíblia de estudo de Genebra (Antigo e Novo Testamento). A grande particularidade desta Bíblia de estudo de Genebra foram as excelentes anotações, a separação dos textos em versículos, as referências cruzadas facilitando o entendimento dos estudos bíblicos, os respectivos comentários de cada passagem bíblica e principalmente as diversas ilustrações impressas na Bíblia. Na época as impressões não eram coloridas e sim obviamente nas cores em preto e branco. Na escritura sagrada, o Templo do Rei Salomão foi ilustrado na Bíblia de Genebra como Pavimento Mosaico com o formato de quadrados intercalados com o preto e o branco. Desta forma ao longo dos tempos, a visão do Pavimento Mosaico do Templo de Salomão na maçonaria foi identificada, memorizada e adotada o formato quadrado preto e branco. Para que o leitor tenha o conhecimento deste episódio, vamos voltar para a história no dia 23 e 24 de agosto de 1572 na cidade de Paris. Neste período aconteceu o massacre da noite de São Bartolomeu na repressão ao protestantismo, idealizado pelo Rei francês Carlos IX (1560 a 1574) que era católico. Existe registro histórico que cerca de 30.000 pessoas foram mortas devido ao conflito religioso. No dia 30 de abril de 1598 o Rei francês Henrique IV (1589 a 1610) assina um documento histórico conhecido como Edito de Nantes, dando a garantia da tolerância religiosa. Este documento foi assinado na comuna francesa de Nantes, situada a 50 km do oceano atlântico.

Samuel Prichard
(Pavimento Mosaico)

No ano de 1730, o autor da Maçonaria Dissecada, Samuel Prichard descreve em seu livro, um diálogo referente aos tipos de mobílias utilizados em uma loja maçônica:

> *"Perg.: Existem mobílias em sua Loja?*
> ***Resp.**: Sim.*
> ***Perg.**: Quais são?*
> ***Resp.**: O Pavimento Mosaico, a Estrela Flamejante e a orla denteada.*
> ***Perg.**: Onde estão situados?*
> ***Resp.**: O Pavimento Mosaico é o chão da Loja, a Estrela Flamejante fica no centro da Loja (no chão) e a orla denteada em torno do chão da Loja."* [42]

Willian Preston
(Pavimento Mosaico)

A partir do ano de 1752 foram iniciadas as construções dos primeiros edifícios maçônicos utilizando o pavimento mosaico e a orla dentada respectivamente no formato quadricular e triangular intercalando as cores pretas e o branco, muito semelhante ao tabuleiro de xadrez e das ilustrações da Bíblia de Genebra. As construções dos Templos foram baseadas na obra literária e nos estudos maçônicos do escocês William Preston (1742 a 1818). [43]

Monitor Webb
(Pavimento Mosaico)

A obra literária *"The Freemason´s Monitor"* do Franco-Maçom Thomas Smith Webb foi impressa no ano de 1797 e é referência nos dias de hoje nas lojas maçônicas dos Estados Unidos e popularizou-se nas lojas *"Blue Lodges"* do Rito de York americano. No capítulo do Aprendiz maçom ("Entered Apprentice"), o autor descreve que o Pavimento Mosaico é uma representação do piso sagrado do Templo de Salomão rodeada por uma Orla Dentada. [44] O livro de coletâneas de estudo sagrado dos Judeus conhecido como Talmude (estudo) descreve que o lugar mais sagrados dos templos deveria ter um Pavimento Mosaico. Desde modo

---

[42] PRICHARD, Samuel. Maçonaria Dissecada. Página 45. Editora A Trolha. Ano de edição 1730.
[43] Crédito para o autor William Preston para edificar tanto o pavimento mosaico como a orla dentada na sala da loja, recém-construída.
[44] WEBB, Thomas Smith. The Freemason´s Monitor. Página 52 Capítulo "Entered Apprentice". Ano 1866.

todos os historiadores convencionaram que o "Santo dos Santos" do Templo do Rei Salomão possuía um pavimento mosaico rodeado por véus com franjas e borlas (almiazar) em sinal de respeito.

Albert Mackey
(Pavimento Mosaico)

O autor, médico estadunidense e maçom Albert Gallatin Mackey (1807 a 1881) descreve na sua obra literária a passagem bíblica de Pilatos do livro de João Capítulo 19 e Versículo 13, evidenciando o uso do Pavimento Mosaico no Julgamento popular. Mas apesar do caráter equivocado da interpretação do Pavimento Mosaico ser uma dualidade, bem ou mal, diferenças de raças, oposição e o antagonismo, Mackey reconhece que é extremamente adequado para os dias atuais na vida de um maçom.[45] Esta diversidade (preto e branco) nos remete que devemos viver em perfeita harmonia, buscando sempre a Verdade, o Alívio, o Socorro e a Fraternidade (amor fraternal) nas comunidades (Irmãos ou Profanos). Estes são os lemas da maçonaria.

Albert Pike
(Pavimento Mosaico)

O autor americano, advogado e maçom Albert Pike (1809 a 1891) na obra literária Morals and Dogma of the Ancient and Accepted Scottish Rite of Freemasonry descreve os tipos de artefatos que fazem parte dos ornamentos de uma loja: Pavimento Mosaico, Orla dentada e Estrela Flamejante. Afirma também que o pavimento Mosaico representa o andar térreo do Templo do Rei Salomão e a alternância do preto e o branco simboliza o bem e o mal do credo Egípcio e Persa (Época baixa 525 a.C.- conflitos entre povos liderados pelo Rei da Pérsia Cambises II). Ele mesmo interpreta dúvidas na afirmação da dualidade do preto e o branco. Todos nós estamos cientes que nesta época os mosaicos não eram representados apenas pelo preto e o branco e sim por diversas pedras coloridas. O xadrez é uma interpretação mais moderna, conectada mais com os especulativos do que o tempo de Salomão. Porém concordo que atualmente podemos associar de uma forma metafórica a dualidade, a diversidade e a polêmica discriminação da época às cores preto e o branco, não resta dúvidas. [46]

---

[45] Para maiores detalhes e referência consulte o site noesquadro do irmão Kennyo Ismail acessado em 09 de abril de 2021. Site : https://www.noesquadro.com.br/simbologia/o-pavimento-mosaico-orla-dentada-na/
[46] PIKE, Albert. Moral e Dogma do Rito Escocês Antigo e Aceito TOMO I Graus Simbólicos. Páginas 18 e 19. Editora YOD. Ano de edição 2011.

Grande Loja
(Pavimento Mosaico)

O ritual de Aprendiz Maçom (Grau 1 – Administração 2014-2017) da Grande Loja no Rito Escocês Antigo e Aceito protagoniza que o Pavimento Mosaico representa o antagonismo das religiões, os princípios que regem as variedades dos povos, as diversidades étnicas e culturais.[47] Todas essas diversidades estão unidas e literalmente cimentadas por todos os lados. Não importando a classe, a religião, o cargo profano e a posição na sociedade, somos todos iguais compartilhando a Sabedoria, e desejando Saúde e a Segurança para todos os irmãos.

Fim das análises do Pavimento Mosaico.

---

[47] Ritual do Grau de Aprendiz Maçom do Rito Escocês Antigo e Aceito da Grande loja Maçônica do estado do Rio de Janeiro. Página 133 - Administração 2014-2017 Waldemar Zveiter

10. *Orla Dentada*

OESTE

LESTE

Orla Dentada

A Orla Dentada ou em inglês *"indented tessel"* representa uma cortina ou véu de linho em torno do Pavimento Mosaico. As figuras triangulares de cores alternadas preto e branco representam o véu de um modo bidimensional, abrigando o Santo dos Santos, simbolizados pelo altar do Juramentos em uma Loja Maçônica. Este espaço é considerado um local sagrado. Foi introduzido diversos véus com cores deslumbrantes que representavam a proteção, delimitação de áreas de segurança e do local sagrado, sinal de respeito, muita simbologia e beleza no templo de DEUS. Toda a beleza dos véus foram idealizadas no templo de DEUS ao longo de várias épocas: no Tabernáculo de Moisés (1446 a 1406 a.C.) [48], o Templo do Rei Salomão (966 a.C.), o Templo de Zorobabel (516 a.C.) [49] e o Templo de Herodes I (64 d.C.)[50] No início da maçonaria especulativa, os símbolos maçônicos eram desenhados no assoalho com giz ou carvão. O maçom responsável pela tarefa desenhava ou pintava uma

---

[48] Bíblia de Estudo de Genebra 2ª Edição – Comentário do livro de êxodo Introdução. Página 88. Editora Cultura Cristã.
Veja o filme em TIMNA Park onde foi reconstruído um modelo do Tabernáculo de Moises e os arbustos da Sarça ardente. Site acessado em 11 de abril de 2021. https://www.youtube.com/watch?v=7lklqwmi3F8.
[49] O Templo de Zorobabel foi reconstruído no segundo mês no ano de 536 a.C. e finalizado em no ano de 516 a.C. no sexto ano do reinado do Rei Dario I (Persa - 522 a.C. a 486 a.C.). Foi o mesmo mês em que Salomão iniciou suas obras no Templo antigo (Veja 2 Crônicas Capítulo 3 Versículo 2). Para maiores detalhes e referência consulte a Bíblia de Estudo de Genebra 2ª Edição página 607, "Templo de Zorobabel".
[50] O templo do Rei Salomão, templo de Zorababel e templo de Herodes fazem parte do mesmo templo. Ao longo deste período, o templo foi reconstruído diversas vezes. Na primeira destruição, o templo foi reconstruído por Zorobabel em 536 a.C. quando o Rei Nabucodonosor invade Jerusalém (586 a.C.), exilando os judeus por 70 longos anos no cativeiro. O rei Herodes realiza a primeira remodelação do templo (Upgrade), iniciando os trabalhos em I a.C. No ano de 70 d.C., o exército romano de Tito invade a Jerusalém, destruindo por completo o Templo de DEUS.

figura ondulada no chão em volta do retângulo (Pavimento Mosaico), próximo ao centro do recinto fazendo uma alusão ao véu de linho em torno do Santo dos Santos. Após a primeira edificação de uma Loja Maçônica no ano de 1752, eles construíram a orla denteada na forma triangular, devido à grande dificuldade de manusear peças cerâmicas no formato ondulatório, abolindo de vez o giz, o carvão e o esfregão. Nesta época, a orla dentada foi substituída na forma ondular para o novo formato triangular em cores intercaladas de preto e branco. Utilizamos este modelito triangular até os dias de hoje ao redor do mundo. Algumas lojas maçônicas adotaram as borlas nos cantos da orla dentada ou Denteada ou Marchetada ao redor do Pavimento Mosaico, os quais representam as Virtudes Cardeais:

- Prudência (sabedoria);
- Justiça;
- Fortaleza ou Força ou Coragem (1° Vigilante);
- Temperança (moderação).

O escritor maçom Donald H.B. Falconer elaborou um artigo "The four Tassels" sobre as quatros Borlas e mencionou a sequências exata da localização dos cantos em loja, representando as quatro virtudes cardeais ou virtude Cardinais: Justiça, Temperança, Fortaleza e Prudência. Esta sequência inicia no canto (*"corner"*) entre o Orador e o 1° Diácono no lado direito do Venerável Mestre (*"Master´s right hand side"*) pontuando a **JUSTIÇA** e no canto do lado esquerdo do Venerável Mestre (*"left hand side"*) representa a **TEMPERANÇA**. No lado esquerdo do 2° Vigilante simboliza a **FORTALEZA** e para finalizar no lado esquerdo do 1° Vigilante teremos a **PRUDÊNCIA**.[51] Essas Virtudes estão relacionadas diretamente com os métodos e as ações aplicados aos antigos mestres Construtores ou Pedreiros livres da época operativa, aplicando os fios dos prumos e os guias aos quatro cantos de uma real edificação.

Histórico das Virtudes
(Orla Dentada)

No século XI, foram esculpidas as quatro virtudes cardeais na tumba do Papa Alemão Clemente II (149° Papa 1046 a 1047 - 09 meses) descrevendo na lápide em Latim: Iustitia (justiça), Fortitudo (fortaleza), Sapientia (sabedoria ou prudência) e Temperantia (temperança). Esta tumba está localizada na Catedral Gótica de São Pedro e São Jorge de Bamberg (cidade alemã).

---

[51] Para maiores detalhes e referência, veja o site acessado em 12 de abril de 2021. Revista da Maçonaria. Site: http://www.freemasons-freemasonry.com/don13.html

R∴E∴A∴A∴
(Orla Dentada)

O Rito Escocês Antigo e Aceito da Grande Loja Maçônica do Estado do Rio de janeiro adotou a Orla dentada circulando em toda a sua volta do Templo maçônico e as quatros borlas nos cantos da loja, baseado no entendimento que o piso no Templo do Rei Salomão era todo ele revestido de um Pavimento Mosaico, não somente a sua parte central. O Ritual também menciona que a Orla dentada simboliza o amor, o princípio de atração universal e cada dente representa os planetas que giram ao redor do Sol, todos os filhos estão reunidos com os pais e os maçons juntos em loja em harmonia. Os ensinamentos e a moral espalhados sobre os quatros ventos do Orbe (globo, redondeza).[52] Esta definição alude a união de todos os irmãos e de todas as comunidades, independente da classe social, raça e o cargo profano.

Orla Dentada, Pavimento Mosaico e Estrela Flamígera

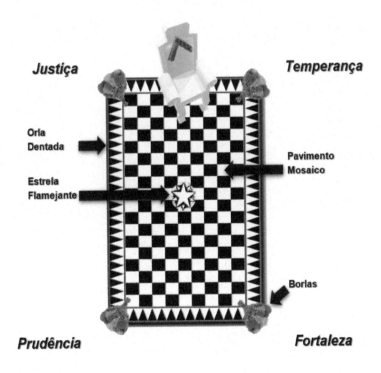

---

[52] Ritual do Grau de Aprendiz Maçom do Rito Escocês Antigo e Aceito da potência da Grande Loja Maçônica do Estado do Rio de Janeiro. Administração Sereníssimo Grão-Mestre Waldemar Zveiter ano 2014 a 2017. Página 133.

11. Estrela Flamígera

O monitor Thomas Smith Webb relaciona o pavimento mosaico (*"mosaic pavement"*), a orla dentada ou recortada (*"indented tessel"*) e a Estrela Flamígera (*"blazing star"*) como peças fundamentais e ornamentos de uma loja. O pavimento mosaico é uma representação do andar térreo do Templo do Rei Salomão, tendo na sua parte central uma Estrela Flamígera. O pavimento mosaico é emblemático da vida humana, representando o bem e o mal e em outras palavras a diversidade. A orla ou a borda do mosaico é uma das bênçãos que esperamos obter por uma confiança fiel na providência divina através da estrela Flamígera.[53] A orla dentada representa o véu de linho. O Monitor Webb fez uma comparação religiosa associando a Estrela Flamígera com o aparecimento de uma estrela-guia ou estrela de Belém que orientou os caminhos dos sábios do oriente Reis Magos ao local exato do nascimento do nosso salvador em Belém. Esta afirmação de Webb é muito duvidosa e ruidosa em relação as evidências históricas da maçonaria. Achamos mais prudente os comentários do valoroso irmão Kennyo Ismail sobre a origem da Estrela Flamígera, onde ele relata que a estrela Sirius é a estrela mais brilhante visível a olho nu. Essa estrela possui uma conexão com o deus Moloch, adorado pelos Egípcios. O Rei Salomão constrói um altar em homenagem a Moloch, cujo símbolo nos remete a estrela Flamígera. Entendemos que a conexão entre o Rei Salomão e o deus Moloch é a mais plausível, porque haveria uma concordância com a sequência na linha do tempo (*"Timeline"*).

A grande Dúvida: Como a estrela do Templo de Salomão (966 a.C.) seria associada com a estrela de Belém (0 a.C.) sabendo que existe uma defasagem de 1000 anos entre os períodos históricos?

Existe uma passagem Bíblica que relaciona o deus Moloque com a estrela e a dualidade no Livro Atos Capítulo 7 Versículo 43:

> *"[43] e, caso não levantastes o tabernáculo de Moloque e a estrela do deus Renfã, figuras que fizestes para adorar? Por isso, vos desterrarei para além da Babilônia"* [54]

---

[53] WEBB, Thomas Smith. The Freemason´s Monitor. Página 52. Ano de edição 1866.
[54] Bíblia de Estudo de Genebra 2ª Edição. Atos 7: 43. Página 1434

A Estrela Flamígera simboliza o 2° grau de Companheiro Maçom por ser uma fonte de luz e calor. O autor Robert Lomas comenta que na parte central misteriosa da Estrela Flamígera representa a Glória e a sua total dimensão simboliza o astro rei o Sol abençoando toda a humanidade.[55] O Sol também simboliza o nosso DEUS. A Estrela possui um reflexo proveniente do Fogo Sagrado, indicando que DEUS está sempre presente. No 2° grau, o Companheiro Maçom precisa de muita luz, atenção e um cuidado especial, pois ele está no meio do caminho na sua evolução maçônica, preste a galgar o cargo de Mestre Maçom. Este Grau possui um grande conflito entre a matéria e o espírito, e ambos estão medindo as forças. Gostaríamos de lembrar ao leitor, o posicionamento do Compasso e o esquadro sobre o Livro Sagrado no altar do Juramento neste grau. A parte espiritual representada pelo Compasso está dominando a matéria simbolizada pelo esquadro. A Estrela Flamígera emana chamas nas suas cinco pontas, representando o Homem com a cabeça que controla os seus quatro membros representando os elementos de uma Matéria. A estrela Flamejante alude as forças divinas e uma luz inspiradora.

---

[55] LOMAS, Robert. O Poder Secreto dos Símbolos Maçônicos. Página 192. Editora Madras. Ano 2014.

12. Escada Caracol

A escada de Caracol está localizada após a passagem do Pórtico entre as colunas Boaz e Jachin, supervisionado pelo primeiro Vigilante, que liberava a entrada mediante ao sinal, toque e as palavras secretas do grau correspondente. A escada possui 15 degraus simbólicos que elevam os irmãos do andar térreo do Templo até o topo alcançando a câmera do meio. Representa uma árdua trajetória dos irmãos para subir os degraus em espiral metafóricos da maçonaria. A recompensa está camuflada, e será decifrada quando o companheiro atingir o topo desta jornada buscando mais luz. Somente alcançará esta subida quem tiver as mãos e a alma limpas e o coração puro.

O espiral da escada alude a evolução do irmão. A câmera do meio representava um local intermediário sagrado, reservado para efetuar os pagamentos dos salários dos antigos construtores do Templo do Rei Salomão. No topo da escada de caracol, somente poderiam adentrar na câmera do meio após fornecer ao segundo Vigilante o sinal, toque e as palavras secretas de passe do grau. Na câmera do Meio podemos visualizar a letra *"G"* suspensa no Oriente representando a arte e a ciência liberal mais notável da maçonaria vislumbrando a sabedoria do Grande Arquiteto do Universo, a divina *GEOMETRIA*.

Alguns Rituais mencionam que a Letra *"G"* corresponde o grande Geômetra do Universo (DEUS) e as vezes pode ser simbolizado por caracteres hebraico inscrito em um triângulo por YOD. A Grande Loja no Rito Escocês Antigo e Aceito utiliza a letra IOD em seus textos maçônicos. A letra IOD ou YOD é a menor letra do Alef-Beit (alfabeto hebraico) e a 10ª letra do alfabeto hebraico, que representa a letra inicial de um dos nomes de DEUS citado nas escrituras sagradas. Esta letra possui a aparência de uma vírgula. A escada Caracol é a ascensão gradual da matéria até o espírito, simbolizando que estamos crescendo com virtudes até atingir níveis cada vez mais elevados. E para isto o maçom deve estudar e aprimorar os seus conhecimentos. Após as devidas conferências de cada grau, os Aprendizes Maçons recebiam o trigo, vinho e óleo (azeite) como forma de pagamento, enquanto os Companheiros Maçons já com maturidade espiritual desenvolvida e a Estrela Flamígera já reconhecida recebiam os seus salários em moeda corrente. O trigo era considerado a dádiva dos deuses e status de riqueza e principal fonte de alimentos da época. O Vinho era considerado uma bebida mais antiga da humanidade, estimulante e com uma grande interação com a divindade, representado pelo Dionísio deus grego do vinho na mitologia grega, também conhecido como Baco, o deus do Vinho na mitologia Romana. O azeite tinha diversas aplicações nos povos antigos dentre eles podemos ressaltar como alimento, combustível, remédio e óleo sagrado. O óleo preciso proveniente das

YOD

oliveiras foi utilizado na região da Mesopotâmia nos anos 4.000 a.C. Os Sumo-Sacerdotes eram ungidos com o azeite, considerado como o óleo sagrado, símbolo da presença do Espírito Santo (DEUS).

Na passagem Bíblica no Salmo 133, muito conhecida pelos Maçons devido a abertura dos trabalhos em loja no Grau de Aprendiz Maçom, menciona no texto o uso do óleo no primeiro Sumo-Sacerdote dos Hebreus, o Levita Arão, irmão mais velho de Moisés:

> *"É como o óleo precioso (azeite) sobre a cabeça que desce sobre a barba, a barba de Aarão, e que desce à orla de suas vestes ..."*
> *(Grife Nosso).*

A escada de Caracol é dividida em três etapas:

- 03 Degraus;
- 05 Degraus;
- 07 Degraus.

O escritor britânico Robert Lomas ressalta em uma das suas obras, a relação dos degraus com os cargos em loja afirmando que três governam (V∴M∴ - Rei Salomão, 1° Vig∴ Hiram Rei de Tiro e 2° Vig∴ - Artífice Hiram Abiff) simbolizando os três degraus e adicionando a esta loja mais dois companheiros de ofício somando 05, fazendo a alusão os cincos degraus e acrescentando a esta loja virtual mais dois aprendizes totalizando assim 07 maçons em loja, referindo aos sete degraus. [56]

Cada grupos de degraus representam um tipo de categoria ou caminho que o maçom deve percorrer simbolicamente. Vamos descrever cada grupos.

03 DEGRAUS
(Escada Caracol)

Os primeiros três degraus da escada de caracol representam as três grandes luzes da maçonaria que governam uma loja maçônica. Os três grandes oficiais são: o Venerável Mestre ou conhecido na época como o Mestre da Loja, o Primeiro Vigilante e por fim o Segundo Vigilante. Os degraus além de representarem os oficiais simbolizam respectivamente: Esquadro (V∴M∴), Nível (1°Vig∴) e o Prumo (2°Vig∴) que aludem: a Sabedoria (V∴M∴) para planejar, Força (1°Vig∴) para erguer e a Beleza (2°Vig∴) para adornar.

- Venerável Mestre – Rei de Israel Salomão - Esquadro;
- Primeiro Vigilante – Rei de Tiro Hiram - Nível;
- Segundo Vigilante – Artífice Hiram Abiff – Prumo.

---

[56] LOMAS, Robert. O Poder Secreto dos Símbolos Maçônicos. Página 220. Editora Madras. Ano edição 2014.

05 DEGRAUS
(Escada Caracol)

Os cincos degraus intermediários da escada de Caracol representam as cincos ordens clássicas da arquitetura greco-romana. Essas colunas promovem a sustentação e a beleza de uma arquitetura. Os cincos degraus também aludem os cincos sentidos dos homens. Segue abaixo a correspondência dos degraus para cada coluna e os sentidos associados:

- Coluna Romana Toscana e o sentido de **Ouvir**;
- Coluna Grega Dórica e o sentido de **Ver**;
- Coluna Grega Jônica e o sentido de **Sentir**;
- Coluna Grega Coríntia e o sentido de Cheirar;
- Coluna Romana Compósita e o sentido do Paladar.

As palavras em negrito (Ouvir, Ver e Sentir) são pré-requisitos fundamentais para o perfil de um maçom. O nosso valoroso Irmão João Guilherme descreve no seu Ritual de Companheiro Maçom a seguinte passagem resumida:

---

*"Pela **Visão** nos vemos os sinais...*

*... pelo **Tato** podemos sentir o toque...*

*E pela **Audição** nós ouvimos a palavra de passe."* [57]

---

07 DEGRAUS
(Escada Caracol)

Os sete degraus da escada de Caracol representam os sete anos sabáticos referindo-se aos sete anos de fartura seguido dos sete anos de fome, conforme interpretação do sonho do faraó pelo José.[58] O faraó descreve o seu sonho para José, nos quais sete formosas vacas gordas pastavam no rio acima e em seguida subiam mais sete vacas magras na margem do rio. Podemos também relacionar os sete degraus com os sete anos de construção do Templo pelo Rei Salomão, os sete planetas (Sol, Lua, Mercúrio, Marte, Vênus, Júpiter e Saturno) reconhecidos nesta época e os sete braços do candelabro conhecido como Menorá ("Menorah"), símbolo do Judaísmo. Moisés construiu o Menorah de ouro maciço

---

[57] GUILHERME, João. Ritual de Companheiro Maçom – Rito de York Americano. Potência GOIRJ. Página 83. Ano de edição 2009. Editora Zit Gráfica e Editora.
[58] Veja a passagem Bíblica no Livro de Genesis Capítulo 41 Versículo 01 ao 36. Para maiores detalhes e referência consulte o site Bíblia Online acessado em 14 de Abril de 2021. Site: https://www.bibliaonline.com.br/acf/gn/41

para ser colocado no Santo Lugar, átrio intermediário entre o Santo dos Santos.

Os sete degraus simbolizam as sete artes e ciências liberais que constituíam um modelo de educação durante a antiguidade clássica e a idade Média, dividindo-se em dois grupos distintos a saber: o Trivium e o Quadrivium. O Grupo Trivium focalizava as ferramentas de linguagem relacionadas a mente, enquanto Quadrivium englobava a matéria.

Grupo TRIVIUM:

- Gramática;
- Retórica (a arte de bem argumentar) [59];
- Lógica;

Grupo QUADRIVIUM:

- Aritmética;
- **Geometria;**
- Música;
- Astronomia.

Através dos estudos das artes e ciência liberais, os Mestres construtores poderiam exercer as suas funções de uma forma consciente e precisa, sem exceder os seus limites da tolerância, baseados nos cálculos matemáticos, na geometria, na arte do conhecimento, tudo isto harmonicamente sincronizados com a arte da música e a fascinação da Astronomia.

---

[59] A **Retórica** é a arte que utiliza a linguagem para efetuar a comunicação de uma forma persuasiva, assertiva e muito eficaz. A arte da palavra, arte da eloquência e a arte de argumentar.

13. Escada de Jacó

Crédito: Obra de arte do Pintor Inglês
William Blake ano de 1805

Aescada de Jacó foi pintada em uma tela no ano de 1805 e materializada na obra de arte do pintor inglês William Blake e patrocinado pelo inglês Thomas Butts. A obra de arte representa o sonho de Jacó descrito no livro de Genesis Capítulo 32. Podemos visualizar esta pintura [60] no museu "British Museum" em Londres[61]. Nesta pintura, o Jacó está deitado sonhando e atrás dele ergue-se uma escada em espiral com várias estrelas e raios dourados ao redor. Acima do Jacó podemos visualizar três mulheres que estão em pé carregando bandejas e urnas e os anjos sobem e descem as escadas freneticamente. Na história da Bíblia, **Jacó** era filho de Isaque com a jovem Rebeca e neto do patriarca Abraão. Isaque já com a idade avançada estava com grandes dificuldades de ter um filho e consequentemente dar a continuidade na sua linhagem do povo eleito por DEUS de Abraão. Mas DEUS abençoou o casal e Isaque teve filhos gêmeos: Esaú e Jacó, sendo que Esaú era o filho primogênito. Jacó tinha intenção de ser herdeiro e negociou previamente com Esaú a benção do seu pai, por um prato de comida. Rebeca e Jacó iniciaram um plano para esta conquista quando Esaú foi a caça. Isaque estava muito velho e cego, e ardilosamente fez a benção em Jacó pensando que era Esaú, planejado por sua esposa e seu filho pastor. Ao perceber que Jacó foi abençoado pelo pai, Esaú ficou furioso e queria se vingar. A sua mãe Rebeca pede que Jacó saia da vila e volte apenas quando Esaú esquecer da benção do seu pai ao irmão. Jacó viaja para a Planície de Padã-Arã (em torno de Harã) ainda nas

---

[60] Para maiores detalhes e referência consulte a pintura no site The British Museum acessado em 03 de janeiro de 2022.
Site: https://www.britishmuseum.org/collection/object/P_1949-1112-2
[61] Museu Britânico endereço: Great Russell St, Bloomsbury, London WC1B 3DG, Reino Unido ou se preferir pode fazer o acesso no site: https://britishmuseum.org/ ou https://blog.britishmuseum.org/ . Ambos acessados em 18 de abril de 2021.

terras da Mesopotâmia. Muito cansado ao percorrer uma área desértica, Jacó decide repousar, porque já era noite e seu corpo precisava de um descanso merecido. Escolheu uma das pedras para fazer de travesseiro e adormeceu olhando para a abóbada celeste. Jacó teve um sonho e uma visão de uma bela escada onde vários anjos subiam e desciam desde o andar térreo de uma terra abençoada por DEUS até alcançar o Céu no topo da escada. No sonho de Jacó, DEUS afirma que esta terra era consagrada como a Casa de DEUS e daria a ele essa terra alcançando a prosperidade e a tão sonhada descendência, tornando-o líder de um povo. Jacó acorda meio assustado, após o sonho, pega a pedra que serviu de travesseiro e derrama azeite batizando o local como sendo Betel, que significa a casa de DEUS (entre Efraim e a Judéia em Israel).[62]

Na Maçonaria esta escada além de possuir vários degraus atingindo metaforicamente o céu e a eternidade, temos três símbolos muito conhecidos na ordem associados a tão famosa Escada de Jacó na passagem Bíblica em Gênesis. Os Símbolos agregados a escada representam as seguintes virtudes:

- Fé (Cruz e Sol);
- Esperança (Âncora e Lua);
- Caridade (Cálice e Mercúrio).

A Escada de Jacó representa as virtudes em que o Aprendiz Maçom deve aprender na sua evolução espiritual subindo os degraus nos ensinamentos e aperfeiçoamento da maçonaria. A Escada é o elo entre a terra representado pelo Livro da Lei amparado pelo altar até o Céu simbolizado por uma estrela radiante. Os símbolos da Escada de Jacó estão presente no painel simbólico do Aprendiz Maçom nos Rituais do primeiro grau representando a Cruz, a Âncora e o Cálice.

Fé
(Escada de Jacó)

A Fé (latim: *"Fide"*) do Maçom provém do nosso Grande Arquiteto do Universo para amar uns aos outros provendo ajuda, alívio, confiança e trazendo a verdade e honra para o irmão. A Fé é a sabedoria do espírito, alicerce da Justiça, o passaporte para o paraíso (Oriente) e a luz da maçonaria, DEUS acima de tudo. Na Escada de Jacó, a Fé é representada por uma Cruz e o planeta associado é o Sol e a idade nos remete a Juventude. A Fé está associada a Sabedoria.

Esperança
(Escada de Jacó)

A Esperança (latim: *"Spe"* – confiança em algo positivo) é a âncora da alma (Livro Hebreus Capítulo 6 Versículo 19) do maçom para animá-lo na busca das soluções dos problemas direcionando-o no caminho correto, na retidão da vida e mantendo-o firme e seguro nos seus ideais. Devemos ter sempre a esperança para

---

[62] Para maiores detalhes e referência veja Livro de Genesis Capítulo 28 e Versículos 10 ao 19. Veja o site BibliaOnline acessado em 17 de abril de 2021: Site: https://www.bibliaonline.com.br/acf/gn/28

alcançarmos os nossos objetivos mediante as nossas virtudes praticadas. Na Escada de Jacó, a Esperança é representada por uma Âncora e o planeta associado é a Lua e a idade nos remete a infância. A Esperança está associada a Força.

O autor Robert Lomas na sua sábia interpretação da Esperança, menciona:

"A Esperança simboliza nosso desejo persistente pela redescoberta daquilo dentro de nós que está perdido".[63]

Caridade
(Escada de Jacó)

A Caridade (latim: *"Caritas"*) é uma das mais importante ações e qualidades em que o Maçom deve praticar em loja e na sua vida profana cotidiana. Bem-aventurado é o homem que cultiva as sementes da Benevolência, quando pautamos as nossas ações para a caridade. O gesto de Benevolência pode ser praticado pelos maçons através do Tronco de Beneficência na ritualística pelo cargo do Maçom Hospitaleiro, quando recolhe os donativos para serem aplicados exclusivamente aos grupos ou pessoas necessitadas. Todas os donativos serão direcionados para a conta bancária da Hospitalaria da maçonaria. Desse modo os maçons estarão bem recompensados e satisfeitos pela recompensa da benevolência, generosidade, o Amor e a Caridade. O G∴A∴D∴U∴ sempre recompensará aqueles irmãos que com gesto do amor, sentimentos puros e a caridade ajudam o seu próximo. Na Escada de Jacó, a Caridade é representada por uma mão envolta de um Cálice e o planeta associado é o Mercúrio e a idade nos remete a puerilidade (4 a 14 anos). A Caridade está associada a Beleza.

Neste capítulo identificamos claramente dois símbolos totalmente independentes com propósitos diferenciados. A *Escada Caracol* pertence a História do Rei Salomão da época dos construtores do templo (Rei Salomão, Rei de Tiro e Hiran Abif) e cada degrau possui um significado. A Escada Caracol também era uma passagem sagrada, reservada para pagar os salários dos antigos construtores do Templo do Rei Salomão. A *Escada de Jacó* é uma passagem Bíblica que possui um significado mais espiritual e na Maçonaria permite alcançar a Abóbada Celeste. Podemos visualizar a Escada de Jacó no painel simbólico da Loja do Aprendiz. Como já dizia o nosso irmão, tudo tem razão de ser e cada coisa tem o seu nome e uma função específica dentro da Ordem Maçônica.

---

[63] LOMAS, Robert. O Poder secreto dos Símbolos Maçônicos. Página 186. Editora Madras. Ano 2014.

Arvore Genealógica de Abraão e Jacó
(Símbolos: Escada de Jacó)

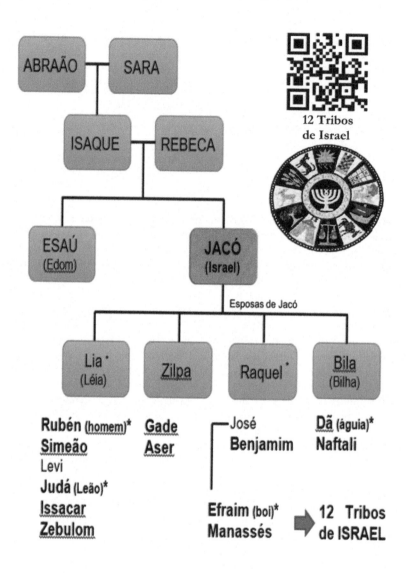

As irmãs Lia e Raquel eram esposas e primas de Jacó.
A Zilda e a Bila eram as suas concubinas. [64]

---

[64] Para maiores detalhes e referência consulte o site Israel com Aline "Quem são as 12 Tribos de Israel" acessado em 21 de janeiro de 2022. https://youtu.be/3y7H1bqDTvA

Observação:

A Tribo de LEVI é considerada como a 13ª Tribo de Israel do tipo Sacerdotal sem direito a herança de terras. O Moisés e o Arão são os descendentes de Levi e por isto são Levitas, habilitados para assumirem o cargo de Sumo-Sacerdote. O significado de LEVI é **união**. Sua principal função é de unir todas as tribos de Israel.

Lembramos que Jesus Cristo era descendente do Leão da Tribo de Judá. O Leão representa a força e o poder. Para maiores detalhes consulte a passagem Bíblica no Livro de Apocalipse Capítulo 5 Versículo 5 onde Jesus Cristo é descrito como o Leão de Judá.

"E disse-me um dos anciãos: Não chores; eis aqui o Leão da tribo de Judá, a raiz de Davi, que venceu, para abrir o livro e desatar os seus sete selos." [65]

---

[65] Para maiores detalhes e referência consulte o Livro de Apocalipse Capítulo 5 Versículo 5. Veja o site Bíblia Online acessado em 18 de abril de 2021. Site: https://www.bibliaonline.com.br/acf/ap/5

14. Proposição 47 - Teorema de Pitágoras

(

Origem Proposição 47

A figura que representa a **proposição 47** está estampada na parte inferior do Frontispício da Constituição de James Anderson de 1723 e 1738 de um forma muito discreta, que alude ao teorema de Pitágoras, representando os segredos da maçonaria na arte da construção e da Geometria. O matemático grego de Alexandria Euclides (̃ 300 a.C.) descreve os estudos sobre a teoria de Pitágoras no seu livro "Os Elementos".[66] O quadrado da hipotenusa é igual à soma dos quadrados dos catetos. O postulado de Euclides referente ao estudo de Pitágoras está descrito no capítulo na ordem 47 do Livro I. Lembramos que esta obra menciona vários postulados, dentre eles o Teorema de Pitágoras que está relacionado na 47ª proposição do índice do livro. Devido a ordem do postulado no capítulo do Livro I de Euclides, o Teorema de Pitágoras ficou conhecido na maçonaria como sendo a proposição de número 47. Na idade média, o conhecimento da teoria de Pitágoras era fundamental para a construção das colunas, monumentos e das bases. Todas as peças, arcos e diversas arquiteturas se encaixavam mediante a aplicação deste teorema. Este segredo era guardado pelos pedreiros livres (maçons) nas Guildas a sete chaves. A proposição 47 é tão importante para a maçonaria que atualmente representa a joia utilizada pelos ilustres Past-Masters (Ex-Veneráveis das Lojas), em alusão aos conhecimentos acumulados na maçonaria. Observe a figura da joia do Past Master representando a proposição 47 simbolizado pelo Teorema de Pitágoras.

Apenas como curiosidade, foi encontrado a 160 km de Cairo, um fragmento manuscrito com texto em grego pertencente ao Livro II da obra Elementos de

---

[66] EUCLIDES. Os elementos de Euclides. Proposição 47 Livro 1 página 132. Fundação Editora da UNESP ano 2009

Euclides. Este postulado faz parte do Livro "Os elementos de Euclides" Livro II primeiro capítulo. A foto do manuscrito encontrado no Egito faz parte do acervo digital do Museu de Arqueologia e Antropologia da Universidade da Philadelphia (Penn Museum) de número E2748.

Para maiores informações da imagem catalogada de n° E2748 do manuscrito de Euclides veja os detalhes no Museu de Arqueologia e Antropologia da Universidade da Philadelphia (Penn Museum). [67]

Manuscritos Livro II de Euclides

Para maiores informações veja o vídeo abaixo apontando o celular no QRCode, referente ao Teorema de Pitágoras.[68]

Teorema de Pitágoras

---

[67] Para maiores informações da imagem catalogada de n° E2748 do manuscrito de Euclides veja detalhes no site do Museu de Arqueologia e Antropologia da Universidade da Philadelphia (Penn Museum).
https://www.penn.museum/collections/object_images.php?irn=63505
[68] Para maiores detalhes e referência consulte o site Você Sabia? Resumo Matemática – Pitágoras acessado em 22 de janeiro de 2022. Site: https://youtu.be/fan2ewagFxs

15. Círculo, Ponto e duas retas paralelas

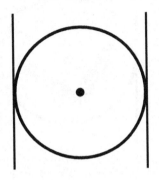

N a ordem maçônica existe um símbolo formado por um círculo, ponto e duas retas paralelas que representam e expressam as nuances escondidas da maçonaria operativa e da maçonaria especulativa, dependendo apenas da análise do observador. Esse símbolo foi descrito na obra literária do Malcolm C. Duncan no ano de 1866, Duncan´s Ritual[69]. Ressaltamos que esse símbolo não foi criado pela maçonaria e sim utilizado pela ordem. Apesar de ser muito divulgado e marcado na maçonaria, este símbolo também estava presente nos monumentos egípcios antigos que representavam DEUS como o Alfa (início) e o Ômega (fim), delimitado por duas cobras perpendiculares e paralelas ao círculo. O círculo, o ponto e as duas retas paralelas juntos são conhecidos como *"O olho aberto de Deus"* representando a primeira manifestação divina ou do princípio criador. Existe um símbolo muito semelhante que relaciona apenas um círculo como figura geométrica principal e aparentemente sem nenhuma linha paralela, representando o Sol ou a Lua ou o divino todo poderoso.[70] Este símbolo foi estudado pelos geólogos, arqueólogos e até mesmo pelos egiptólogos na tentativa de entender a origem do homem e a sua história.

[69] DUNCAN, Malcolm C. Duncan´s Ritual of Freemasory. Página 53. Ano 1866
[70] O´CONNELL, Mark e AIREY Raje. Almanaque Ilustrado Símbolos. Página 220. Editora Escala.

Visão da Maçonaria Operativa
(Círculo, Ponto e Retas)

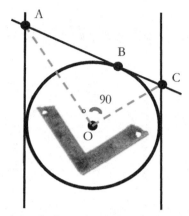

O símbolo da figura ao lado representava uma alternativa para que os pedreiros livres (operativos) criassem ângulos retos (90°), com o objetivo de aferir o esquadro, ou mesmo criar uma ferramenta para o seu ofício. Este método era um dos seus maiores segredos. Para isto ele precisava apenas de um pedaço de barbante ou corda, dois pedaços pequenos de madeira (toco pontiagudo) presos nas extremidades da corda, uma para fincar no chão no plano do eixo "O" (centro da circunferência) e outro pontiagudo para traçar e desenhar o círculo na superfície plana. Após a construção do círculo, o pedreiro colocaria duas ripas de madeira paralelas, encostadas no círculo uma oposta da outra como se fosse um sanduíche, conforme a figura acima. Alinha-se uma madeira entre os pontos de intercessão das duas ripas e o círculo, formando a reta ABC; Prolongando-se as retas AO e a reta CO teremos um ângulo reto perfeito.[71] Este conhecimento da geometria era um dos grandes segredos dos Mestre Construtores para planejar suas obras edificando-as. Para que esta técnica possa ser efetivada, você precisa de três pontos de apoio (ABC). O número 3 é fascinante e faz parte dos ensinamentos dos aprendizes maçom. As técnicas e as lições de construções eram passadas nas Guildas para a comunidade secreta. Esta técnica pode ser demonstrada pelo Teorema de Tales (Círculo) e no Livro de Euclides XI postulado 23.

Visão da Maçonaria Especulativa
(Círculo, Ponto e Retas)

Os maçons especulativos utilizavam o símbolo descrito ao lado para representar a limitação individual do irmão ao invés de venerar uma figura geométrica ou mesmo traçar um ângulo reto. O ponto representa o próprio maçom enquanto o círculo é a linha limite da sua conduta na vida maçônica. A área do círculo delimita as atitudes favoráveis do maçom visualizando todas as suas ações desde uma simples individualidade representada pelo ponto até o limite da sua vontade própria, o desejo pessoal, a obrigação de vencer as suas

---

[71] GUILHERME, João. Tudo tem razão de ser cada coisa tem seu nome. Página 49 e 50. Ano 2013. Editora A Trolha

paixões e manter íntegro como verdadeiro irmão. O maçom nunca deve permitir que seus preconceitos ou paixões o traiam, por isso temos limitações espelhadas neste círculo, mantendo sobre a linha limite no interior do círculo, ou seja, circunscrito a seus preceitos.

Deus está representado nas escrituras sagradas logo acima, no alto do círculo visualizando toda a conduta do irmão (nas nossas lojas seria a própria Bíblia Sagrada). Nas laterais temos duas linhas que representam São João Batista (Lado esquerdo letra B) e São João Evangelista (Lado direito letra E), ambos patronos da maçonaria. As linhas laterais representam o solstício de junho (esquerda – Letra B) período de Câncer e o solstício de dezembro (direita – Letra E) período de Capricórnio e o Sol no centro representa o ponto e a trajetória da Terra simbolizando o nosso limite.[72]

A data comemorativa de São João Batista é celebrada no dia 24 de junho (período do solstício de junho) e representa o solstício de verão no hemisfério norte (regiões ao norte da linha do equador) e o solstício de inverno no hemisfério sul (regiões ao sul da linha do equador). Lembramos ao leitor que a diversidade dos climas nos Hemisférios Norte e Sul é devido a inclinação da Terra de 23,5° e a trajetória do planeta Terra ao redor do Sol. A data comemorativa de São João Evangelista é celebrada no dia 27 de dezembro (período do solstício de dezembro) e representa o solstício de verão no hemisfério sul e solstício de inverno no hemisfério norte.

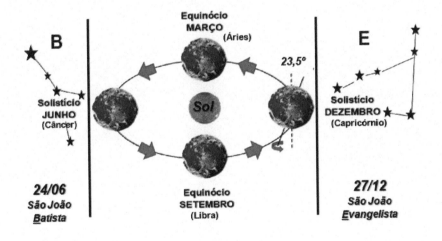

---

[72] WEBB, Thomas Smith. The Freemason's Monitor. Página 55 Capítulo Entered Apprentice. Ano 1866

O São João Batista batizou Jesus Cristo no Rio Jordão (hoje Qasr el Yahud em Israel)[73] e o São João Evangelista foi um dos doze apóstolos de Jesus Cristo conhecido como João. Apenas como reflexão, São João Batista ao avistar Jesus Cristo ele disse:

"Eis o Cordeiro de Deus, que tira o pecado do mundo" em latim: "Ecce Agnus Dei, ecce, qui tollit peccátum mundi".

O autor Robert Lomas[74] menciona que o círculo está delimitado por duas grandes paralelas, porém as paralelas ao norte e ao sul representam respectivamente o egípcio Moisés e o Rei de Israel Salomão. Em alusão a passagem Bíblica de Moisés e Salomão descritos em Êxodo capítulo 40 Versículo 1 ao 33 e 1 Reis capítulo 6 versículos 1 ao 38. DEUS confiou ao Moisés que levantasse provisoriamente o Tabernáculo da tenda da congregação para alojar a Arca do Testemunho. E o Rei Salomão construiu em definitivo um Templo aos moldes de DEUS para alojar a sagrada Arca da Aliança. Por este motivo nós chamamos do Templo do Rei Salomão.[75]

---

[73] Passagem na Bíblia Novo Testamento em Mateus capítulo 3 versículos 13 a 17.
[74] LOMAS, Robert. O poder secreto dos **Símbolos Maçônicos**. Página 200. Ano 2014. Editora Madras
[75] As linhas paralelas de Moisés e Salomão também são mencionadas no Ritual de Aprendiz Maçom Grau 1 da Potência Grande Loja Maçônica do Estado do Rio de Janeiro (G.L.M.E.R.J.)., evidenciado na página 134.

16. Compasso, Cordel
e o Lápis

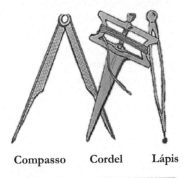

Compasso   Cordel   Lápis

As ferramentas de trabalho **Compasso, Cordel** e o **Lápis** são peças integrantes de um grande arquiteto mestre maçom operativo, para delinear seus trabalhos com perfeição e presteza.

Compasso

O Compasso determina o arco ideal e preciso para obter as pedras perfeitas na construção dos monumentos no período da idade média. Hoje na maçonaria especulativa esses componentes são apenas peças simbólicas de uma ciência exata. O Compasso representa o espírito e o limite moral dos irmãos especulativos. Na passagem da Bíblia no Livro Daniel Capítulo 7 Versículo 9 a 13 menciona o Ancião de Dias (eterno) como o grande arquiteto DEUS todo poderoso sobre uma nuvem sentado em um trono. O Pintor William Brake[76] detalhe este evento de Deus como o Ancião de Dias utilizando o Compasso para medir o tempo. O ancião de Dias está sobre as chamas do sol. Esta obra pertence a galeria Whitworth Art Gallery na Universidade de Manchester. [77] (William Blake, Public domain, via Wikimedia Commons).

---

[76] Para maiores detalhes e referência consulte o site sobre William Brake acessado em 19 de abril de 2021. Site: https://pt.wikipedia.org/wiki/William_Blake e veja a pintura: https://upload.wikimedia.org/wikipedia/commons/a/ac/Europe_a_Prophecy_copy_K_plate_01.jpg
[77] Para maiores detalhes e referência consulte o site da Universidade Manchester acessado em 20 de abril de 2021 Site: https://www.whitworth.manchester.ac.uk/

Cordel

O Cordel é uma ferramenta muito utilizada para marcar e traçar os ângulos retos para construir uma coluna, estrutura ou alicerce, baseados no Teorema de Pitágoras. O Mestre Construtor da época delimitava a corda do cordel em 13 nós com uma divisão de 12 segmentos iguais, formando assim um triângulo pitagórico do tipo 3, 4, e 5. Deste

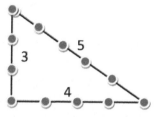

modo eles podiam traçar ângulos retos com uma simples ferramenta **Cordel**. Esta prática já era adotada pelo Egípcios, nas suas megas construções.

Lápis

O Lápis era um dos utensílios dos mestres maçons. Os Maçons operativos utilizavam para delinear e traçar as suas construções sobre a tábua de delinear. Atualmente o Lápis serve apenas para orientar as nossas ações e planos perante o Grande Arquiteto do Universo.

Podemos analisar a coincidência dos números 1, 2 e 3 e os utensílios dos Mestres Maçons, fazendo a alusão que o Lápis define 1 ponto, o Compasso marca dois pontos e o Cordel através do triângulo Pitagórico também conhecido como triângulo Egípcio perfaz 3 pontos (baseado no triângulo pitagórico: 3, 4 e 5).

Mistério!

Pintura de William Blake que simboliza o "Ancião de Dias" (Domínio Público).

17. Alfabeto Maçônico

As nuvens brancas encobrindo a lua azulada sobre a cidade cinza de Londres escondendo as nuances e os segredos da maçonaria, sob olhares perplexos de um grande **mistério!**

No século XVIII, a prática do oculto e o segredo afloravam na cultura dos povos neste período, principalmente na ordem maçônica. Era muito importante para ordem codificar suas mensagens de forma a ocultar os segredos maçônicos. Calcula-se que os Maçons codificaram as mensagens, correspondências, artigos e palavras secretas utilizando o mono alfabético por volta do século XVIII.

O Alfabeto Maçônico ou Cifra Maçônica ou Cifra "Pigpen" foi muito utilizado pela maçonaria antiga e substituíam diretamente as letras por um símbolo (mono). O nome Cifra "Pigpen" foi atribuído como alfabeto maçônico, porque lembra muito os cercados dos porcos, representados pelas figuras dos códigos (quadrados e triângulos e pontos), igual ao chiqueiro dos porcos. O alfabeto maçônico é inscrito sobre quadrados (box), triângulos incompletos e pontos. As várias combinações destas figuram associadas a lógica do posicionamento representam as letras do nosso alfabeto cotidiano de A a Z. Devido a sua grande simplicidade para decodificar os símbolos e a categoria de segurança muito baixa, os Maçons já não mais utilizam no seu dia a dia. Atualmente este alfabeto maçônico está descrito apenas nos Rituais para efeito de estudo, história e lembranças dos antepassados.

Nos tempos áureos, o alfabeto maçônico evoluiu nas regiões onde a maçonaria se destacava, pois era o único método de manter os segredos da ordem. Foram criadas várias cifras maçônicas (*"Freemason's Cipher"*) nas diversas localidades, podemos destacar os principais alfabetos: Alemão, Alemão Moderno, Francês, Hebraico, Heinrich Cornelius, Inglês Moderno, John Harris e o Real Arco. Segue os segredos dos códigos, desvendados.

Inglês Moderno
(Símbolos Secretos: Alfabeto Maçônico)

A	C	E
G	I	K
M	O	Q

B.	D.	F.
H.	J.	L.
N.	P.	R.

S / Y U / W   T. / Z. V. / X.

Francês
(Símbolos Secretos: Alfabeto Maçônico)

C	B	A
F	E	D
I	H	G

L.	K.	J.
O.	N.	M.
R.	Q.	P.

S / V T / U   W. / Z. X. / Y.

Alemão
(Símbolos Secretos: Alfabeto Maçônico)

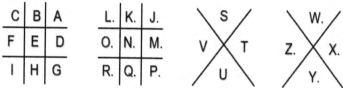

A	C	E
G	I	M
O	Q	S

B.	D.	F.
H.	L.	N.
P.	R.	T.

X / U Y / Z

C = K
I = J
U = V

Alemão Moderno
(Símbolos Secretos: Alfabeto Maçônico)

A	C	E
G	I	M
O	Q	S

B.	D.	F.
H.	L.	N.
P.	R.	T.

U / Z X / Y

C = K
I = J
U = V

Heinrich Cornelius
(Símbolos Secretos: Alfabeto Maçônico)

A	B	C
D	E	F
G	H	I

J.	K.	L.
M.	N.	O.
P.	Q.	R.

Hebraico
(Símbolos Secretos: Alfabeto Maçônico)

C	B	A
F	E	D
I	H	G

L.	K.	J.
O.	N.	M.
R.	Q.	P.

Real Arco (*"Blue Lodge"*)
(Símbolos Secretos: Alfabeto Maçônico)

A	B	C
D	E	F
G	H	I

N.	O.	P.
Q.	R.	S.
T.	U.	V.

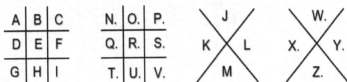

John Harris
(Símbolos Secretos: Alfabeto Maçônico)

C	B	A
F	E	D
I	H	G

L.	K.	J.
O.	N.	M.
R.	Q.	P.

Exemplo (Alfabeto Maçônico)

Vamos aprender a converter uma palavra utilizando o alfabeto maçônico John Harris:

Primeira etapa:

Descobrir qual é a posição geométrica em que a letra faz parte do Alfabeto Maçônico desejado, sabendo que temos pelos menos oito tipos diferentes categorias.

Segunda etapa:

A letra desejada faz parte de um modelo que possui um ponto? Caso faça, o ponto deverá ser sinalizado no alfabeto maçônico.

Terceira etapa:

Devemos representar uma figura de modo que indique a posição da letra na geometria.

Veja o exemplo:

C	B	A		L.	K.	J.
F	E	D		O.	N.	M.
I	H	G		R.	Q.	P.

Representa a Letra : E   Representa a Letra : F

Representa a Letra : N   Representa a Letra : O

Representa a Letra : B   Representa a Letra : K

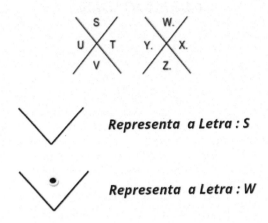

Representa a Letra : S

Representa a Letra : W

Mais Exemplo
(Alfabeto Maçônico)

Vamos converter a palavra **"segredo"** utilizando o alfabeto maçônico John Harris:

S   E   G   R   E   D   O

∨ □ ⌐ ⌐• □ ⊏ •⊐

Letra E □   Letra S ∨

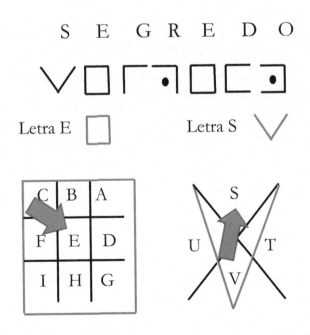

79

CURIOSIDADES:

Lua Azul ("*Blue Moon*")

A lua azul (em inglês: "*Blue moon*") é uma lua cheia muito especial e rara de acontecer, algo muito incomum, em média este evento ocorre a cada dois em dois anos e meio no calendário gregoriano. A lua não aparenta na cor azulada. É considerada como uma lua cheia normal e igual como qualquer outra, nas cores e tons: branca, prateada ou até vermelha (lua sangrenta), com uma ocorrência em datas especiais. A lua azul especial está associada ao calendário lunar que pode ocorrer em três fases destintas:

- A segunda lua cheia no mesmo mês do calendário será considerada "*Blue Moon*".
- Quando existir quatro luas cheias na mesma estação do ano (Verão, Outono, Inverno e Primavera), a terceira lua cheia será nomeada como "*Blue moon*".
- No mês de fevereiro a cada 19 anos não teremos a lua cheia e consequentemente os próximos dois meses haverá duas luas cheias "*Blue moon*".

O termo "*Blue moon*" teve a origem por volta do ano de 1528, através do poema de William Shakespeare na expressão idiomática do inglês "*once in a blue moon*" que significa muito raramente ou algo incomum ou acontecimento muito raro.[78] Atualmente o termo "*blue moon*" é muito utilizado pelos ingleses e americanos, cujo significado é raridade.

O mês de fevereiro nunca verá a lua azul, porque tem apenas 28 ou 29 dias, e o ciclo da fase da lua é renovado em cada 29,5 dias ou mais. Não teremos duas luas cheias no mês de fevereiro. Nós tivemos uma data muito especial no dia 31 de outubro de 2020 (sábado), devido a dupla comemoração do dia de Halloween e a lua azul. A coincidência da dupla comemoração da lua azul e a data festiva do Halloween somente irá repetir no ano de 2039. Está previsto as próximas datas da lua azul no período relacionado abaixo:

- 31 de agosto de 2023 (quinta-feira);
- 31 de maio de 2026 (domingo);
- 31 de dezembro de 2028 (domingo);
- 30 de janeiro de 2029 (terça-feira);
- 30 de março de 2029 (sexta-feira);
- 30 de setembro de 2031 (terça-feira);
- 31 de julho de 2034 (segunda-feira).

---

[78] Para maiores detalhes e referência consulte o site acessado em 21 de abril de 2021. Site: https://youtu.be/4ZB8Kgqr8tE.

Para o conhecimento geral, nós estamos sugerindo ao leitor acessar o site:

- https://kalender-365.de/calendario-lunar-pt.php
- https://www.vercalendario.info [79] [80]

---

[79] Para maiores detalhes e referência consulte o site vercalendario.info acessado em 21 de abril de 2021. Neste site existe uma contagem regressiva do próximo período da lua azul. Site: https://www.vercalendario.info/es/cuando/proxima-luna-azul.html.

[80] Para maiores detalhes e referência consulte o site kalender-365.de para obter as informações do calendário lunar, Site acessado em 21 de abril de 2021.
Site: https://kalender-365.de/calendario-lunar-pt.php.

18. Pedra Angular

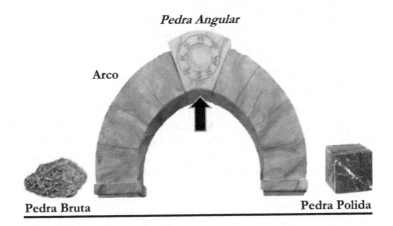

Pedra Angular

Arco

Pedra Bruta

Pedra Polida

A Pedra angular[81] ou pedra fundamental ou pedra mestra foi simbolicamente uma das últimas peças para finalizar a antiga construção do Templo do Rei Salomão, segundo a história dos altos graus do Rito de York (*"Blue Lodge"*) no capítulo de Mestre de Marca [82] e a passagem Bíblica no Livro de Salmos Capítulo 118 Versículo 20 a 23.

> *"Esta é a porta do Senhor, pela qual os justos entrarão. Louvar-te-ei, pois me escutaste, e te fizeste a minha salvação. A pedra que os edificadores rejeitaram tornou-se a cabeça da esquina. Da parte do Senhor se fez isto; maravilhoso é aos nossos olhos.[83]*

A pedra angular é um componente fundamental que sustenta uma estrutura sólida de uma edificação, na qual chamamos de alicerce de uma construção. A pedra angular maçônica possui cravado 08 letras secretas que passarei a decifrar:

---

[81] Para maiores informações consulte o site "A Pedra angular" acessado em 22 de janeiro de 2022. Site: https://youtu.be/h3kSl_3Cl8Y
[82] GUILHERME, João. Capa Dura Vermelha: Supremo Grande Capítulo de Maçons do Real Arco, Mestre de Marca. Página 54 a 57. Ano 2001.
[83] Para maiores detalhes e referência consulte o site bibliaonline.com.br Livro Salmos Capítulo 118 e Versículos 20 a 23 acessado em 24 de abril de 2021. Site: https://www.bibliaonline.com.br/acf/sl/118

H.T.W.S.S.T.K.S.:

"Hiram, the widow´s son, sends to King Salomon"

H – Hiram;
T – The;
W – Widow´s;
S – Son;
S – Sends;
T – To;
K – King;
S – Solomon.

Traduzindo: Hiram, o filho da viúva, envia ao Rei Salomão.

Maçons operativos levantando e ajustando a Pedra Angular com o auxílio da ferramenta LEWIS.

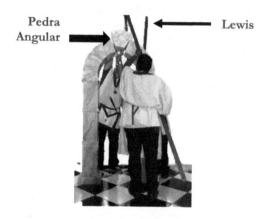

Pedra Angular ← Lewis

Pedra Angular

84

A pedra angular possui uma grande importância para os cristãos e para a maçonaria. Esta afirmação pode ser verificada na própria Bíblia, onde compara a pedra fundamental com o Jesus Cristo na passagem no Livro Atos Capítulo 4 Versículo 10 e 11, veja os detalhes:

"¹⁰...Jesus Cristo, o Nazareno, aquele a quem vós crucificastes e a quem Deus ressuscitou dentre os mortos, em nome desse é que este está são diante de vós.¹¹Ele é a pedra que foi rejeitada por vós, os edificadores, a qual foi posta por cabeça de esquina."
[84]

No início da construção do Templo no ano de 966 a.C., o Hiram Rei de Tiro (1°Vig∴) e o artífice grande mestre Hiram Abiff (2°Vig∴) eram grandes auxiliares na construção desta obra divina coordenados pelo Rei Salomão (Venerável Mestre). Nesta época com mais de 80.000 construtores (considerados simbolicamente como obreiros maçons) tinham que ter um controle minucioso e rígido para efetuar os pagamentos dos salários, assim como inspecionar cada peça e pedra da edificação dos companheiros construtores. Cada Companheiro tinha que ter uma Marca individual para identificar a sua habilidade. Na sexta hora do sexto dia (sexta-feira por volta do meio-dia) exatamente no zênite solar (sol na posição vertical sem sobra), os obreiros apresentavam as suas marcas (identificação) e a sua obra edificada para que os supervisores pudessem inspecionar a peça, tendo como padrão o formato oblongo e estar perfeitamente no esquadro. O supervisor inspeciona a peça visualizando a correta geometria e a seguir libera o pagamento do obreiro, quando aplicável. O obreiro tem o direito de receber o seu salário equivalente a um **Denário** (moeda romana) por dia trabalhado, sendo pago pelo primeiro vigilante. Era fundamental a apresentação da sua marca e dos sinais apropriados para obter o salário digno. No decorrer da construção do Templo, um jovem companheiro resolve trocar a sua peça por uma pedra angular achada, porém muito bela com formas peculiares. Ele resolve apresentar esta peça incomum para o supervisor. Por não apresentar os padrões estabelecidos e regulares da corporação, esta peça foi descartada e lançada sobre os escombros. Os supervisores e os obreiros desconheciam completamente que esta peça principal foi uma solicitação especial do Hiram Abiff para compor o arco do Templo. O Rei Salomão estava finalizando a edificação do Templo quando teve uma grande surpresa quando os seus supervisores perceberam a ausência de uma pedra fundamental para completar o arco principal e seguir com a estrutura. Os supervisores informaram que não podiam finalizar a obra devido à dificuldade de prosseguir com a construção do arco principal sem a pedra angular. O Rei Salomão ordena aos seus supervisores e obreiros que façam uma busca da pedra angular para finalizar a sua grande obra. A pedra fundamental foi

---

[84] Para maiores detalhes e referência consulte o site bibliaonline.com.br acessado em 23 de abril de 2021: Site: https://www.bibliaonline.com.br/acf/atos/4

descoberta sobre os escombros e inserida no arco através da ferramenta LEWIS.[85] Finalmente, a obra do Templo do Rei Salomão poderia prosseguir com os trabalhos. Infelizmente o Templo foi finalizado sem o nosso grande Mestre Hiram Abiff pois fora assassinado por três ambiciosos Companheiros (J∴J∴J∴), mas isto é uma outra história.

Nesta época, os Judeus dividiam o dia em 12 períodos iguais para possibilitar os trabalhos dos operários durante a claridade aproveitando a luz do sol. Lembramos que neste período não tínhamos luz e nem eletricidade para iluminar as pedreiras e o Templo. A lâmpada elétrica incandescente só foi criada pelo empresário americano Thomas Alva Edison no ano de 1879. O período do dia iniciava as 06 horas da manhã, sincronizando com o nascer do sol e terminava por volta das 18 horas ao pôr do sol perfazendo assim as 12 horas.

Horas do Dia (exemplos)

- Primeira Hora do dia: 07:00 h
- Segunda Hora do dia: 08:00 h
- Terceira Hora do dia: 09:00 h
- Sexta Hora do dia: 12:00 h
- Nona Hora do dia: 15:00 h
- Undécima Hora do dia: 17:00 h

Dias da Semana:

	Semana Judaica	Calendário Gregoriano	Período do Dia Judaico	
			Início	Fim
1°	IOM Rishon	Domingo	18:00 h Sábado	18:00 h Domingo
2°	IOM Sheni	Segunda-feira	18:00 h Domingo	18:00 h Segunda
3°	IOM Shlishi	Terça-feira	18:00 h Segunda	18:00 h Terça
4°	IOM Revil	Quarta-feira	18:00 h Terça	18:00 h Quarta
5°	IOM Chamishi	Quinta-feira	18:00 h Quarta	18:00 h Quinta
6°	IOM Shishi	Sexta-feira	18:00 h Quinta	18:00 h Sexta
7°	IOM Shabat	Sábado	18:00 h Sexta	18:00 h Sábado

Tabela e Fonte: Denyson Lima

Observação:

O Sábado para os Judeus é considerado sagrado e o dia merecido do descanso semanal.

---

[85] O Lewis ou o Lobo é um dos dispositivos que possui um formato de tripé que permitia um Maçom operativo levantar a Pedra fundamental ou qualquer outra carga pesada.

Parábola da Vinha
(Pedra Angular)

A parábola da Vinha do Livro de Mateus Capítulo 20 e Versículo 1 ao 16 e o ritual do Real Arco dos altos graus do Rito de York Mestre de Marca[86] mencionavam a história de um proprietário de uma vinícola que necessitava de trabalhadores para realizar a colheita das uvas. Ele oferecia como parte do pagamento o salário de 01 Denário por dia independente do horário da contratação. O fazendeiro contratou vários operários em diferentes períodos do dia pagando-lhes o mesmo valor de 01 Denário, independentemente da quantidade de horas trabalhadas. No final da jornada da duodécima hora (18:00 h), ele iniciou o justo pagamento do salário de 01 Denário para todos desde o último contratado até o primeiro trabalhador. A atitude do fazendeiro rico causou grande revolta aos que mais trabalharam. Porém o proprietário tem o direito de fazer o que bem entender com a sua riqueza e benevolência com os seus funcionários.

Nesta parábola podemos verificar várias citações de horários do dia como:

- No horário   (06:00 h);
- Terceira hora   (09:00 h);
- Sexta hora   (12:00h);
- Nona hora   (15:00 h);
- Undécima hora   (17:00h).

A parábola da Vinha refere-se a:

" ... os últimos serão os primeiros e os primeiros serão os últimos, porque muitos são chamados, mas poucos escolhidos."

[86] GUILHERME, João. Capa Dura Vermelha: Supremo Grande Capítulo de Maçons do Real Arco, Mestre de Marca. Página 58 a 63. Ano 2001.

CURIOSIDADES:

Denarius (Romanos)

O Denário Romano valia no tempo da república romana (510 a.C. a 27 a.C.) 10 asses, por este motivo apelidou-se de Denário (dez), tinha um poder aquisitivo para comprar 08 quilos de pães ou 01 garrafa de vinho. Se fôssemos converter este valor estaria em torno de R$ 80. Esta moeda circulava em Jerusalém no templo de Jesus Cristo. A palavra "dinheiro" teve a origem da palavra Denário em espanhol, cuja tradução é *"Dinero"*. Denário = *"Dinero"* em espanhol.

Shekel (Judeus)

Os primeiros Shekel representavam uma unidade de peso equivalente a 180 grãos ou 11,4 gramas. Mais tarde viraram moedas corrente de prata utilizados pelos Israelitas. Por volta do ano de 68 d.C. esta moeda foi cunhada em prata na região de Jerusalém durante as grandes revoltas dos Judeus aos povos Romanos (Shekel Israel Ano 3° Jerusalém a Sagrada).

Companheiro

A construção do Templo do Rei Salomão todos eram conhecidos como companheiros. A palavra Companheiro tem a origem proveniente do Latim: **"ccum" + "panis".** A palavra *"ccum"* refere-se à "com" e a palavra *"panis"* significa pão. Em outras palavras o Companheiro reparte o pão para todos.

19. Régua, Esquadro e Maço

Principais ferramentas dos Aprendizes e Companheiros Maçons.

A régua de 24 polegadas, esquadro e o maço são ferramentas dos Aprendizes Maçons e dos Companheiros maçons. Os maçons operativos utilizam a **régua de 24 polegadas** para apurar as medidas das peças certificando se estão oblongas e no esquadro, enquanto os maçons especulativos utilizavam para gerenciar o tempo de 24 horas. O **esquadro** foi muito utilizado na edificação dos templos para ajustar e aferir os lados e os cantos retangulares. Atualmente o esquadro serve apenas para demonstrar ao maçom a sua correta retidão, conforme as legislações maçônicas e os deveres morais.

O Maço ou Malho são considerados ferramentas rudimentares para desbastar a pedra bruta com várias imperfeições grosseiras e com protuberâncias. O maço é uma ferramenta inseparável do Aprendiz maçom. Todas as ferramentas na maçonaria têm um único propósito, desbastar a pedra bruta transfigurando-a em uma pedra cúbica (perfeita ou polida), do mesmo modo do maçom recém-iniciado.

A loja (Mestre Instalado, Past Master, Venerável Mestre e Mestres) tem a responsabilidade de lapidar o recém-admitido na maçonaria, transformando-o em uma pedra preciosa, após o desenvolvimento cultural e espiritual do Aprendiz Maçom registrado e o Companheiro maçom.

20. Lenda Hiram Abiff (Abiv)

Ramo de acácia

Esquife

Quem foi Hiram Abiff?

A Lenda de Hiram Abiff é uma interpretação espiritual da doutrina maçônica, marcada por vários símbolos. Está relacionado com os símbolos do grau de Mestre e as ferramentas do maçom. As ferramentas régua, esquadro e o maço simbolizam um grande mistério na história da maçonaria. Essas ferramentais foram utilizados para assassinar o Grande Mestre Hiram Abiff. **Mas afinal quem foi Hiram Abiff?**

O Grande Mestre Hiram Abiff era conhecido como filho da viúva, e a sua mãe pertencia a Tribo de Dã [87] e o seu pai hebreu chamado de Ur era da Tribo de Naftali, mas ambos residiam na região de Tiro. A tribo de Dã, a tribo de Naftali e a região de Tiro estão localizados ao norte de Israel, perto do Monte Hérmon.[88] Existe uma discrepância de informação mencionada na própria Bíblia onde descreve erroneamente que a mãe de Hiram Abiff era da Tribo de Naftali, conforme mencionado em 1Reis Capítulo 7 Versículo 14. O Historiador Alex Horne [89] e a própria Bíblia de Estudo de Genebra afirmam categoricamente que a viúva, mãe de Hiram, pertencia a Tribo de Dã, conforme o **correto** relatado no Livro 2Crônica Capítulo 2 Versículo 14 e o Livro de Horne: "O Templo do Rei Salomão na Tradição Maçônica".

---

[87] Para maiores detalhes e referência vamos descrever a passagem Bíblica no Livro de 1REIS Capítulo 07 Versículos 13 e 14.: "[13]Enviou o Rei Salomão mensageiros que de Tiro trouxessem Hiram Abiff. [14]Era este filho de uma mulher viúva da tribo de Naftali, e fora seu pai um homem de Tiro que trabalhava em bronze; Hiram era cheio de sabedoria e de entendimento, e de ciência para fazer toda a obra de bronze. Veio ter com Rei Salomão e fez toda a sua obra."

[88] HORNE, Alex. O Templo do Rei Salomão na Tradição Maçônica. Página 213. Editora Pensamento Ano de edição 1999. Veja Livro de 2Crônicas Capítulo 2 Versículo 14.

[89] HORNE, Alex. O Templo do Rei Salomão na Tradição Maçônica. Página 213. Editora Pensamento Ano de edição 1999.

Segue os comentários da Bíblia de Estudo de Genebra e do autor Horne:

"... em 1REIS 7,14 relata que a mãe de Hirão-Abi era de Naftali. É possível que ela fosse da Tribo de Dã, mas vivesse no território de Naftali." [90]

"Pelo lado materno, ele (Hirão Abiff) era danita." [91]

O Hiram Abiff era o segundo vigilante e auxiliar do Rei de Salomão responsável pelas belezas e adornos do templo e um grande artífice no manuseio do bronze. O nome de Hiram Abiff está ligado com os segredos da natureza e do conhecimento. Ele conhecia as palavras secretas e os segredos da ordem. Por unanimidade, os obreiros e os oficiais veneravam o Hiram Abiff.

ABIFF / ABIV:
"*AB*" significa "Pai";
"*ABI*" significa "meu Pai";
"*ABIV*" significa "de seu Pai";

A palavra "PAI" significa honraria para os hebreus. **Hiram, meu conselheiro.**

A Lenda de Hiram Abiff está associada ao terceiro grau de Mestre na maçonaria (1725) e provavelmente fora implantada por volta do ano de 1721, quando o Manuscrito de Cooke fora exibido na Grande Loja. O Manuscrito do maçom Matthew J. Cooke foi considerado o segundo documento mais antigos das *"Old Charges"* (antigos deveres ou obrigações). O manuscrito menciona admissão de Homens novos, prescrições de uma assembleia, ensina arte da construção referindo aos conhecimentos de Geometria de Euclides e uma mistura de lendas ingênuas entre outros assuntos. O Pastor James Anderson teve a oportunidade de conhecer esta obra magnifica do Manuscrito de Cooke (1410 d.C). Havia muita similaridade verbais da recém literatura criada pelo Anderson (1723) e a obra antiga do Manuscrito de Cooke (1410). O autor Alex Horne menciona esta passagem:

*"De tudo isto, portanto, se infere que a **Lenda Maçônica do Templo do Rei Salomão** remonta ao ano de 1410 d.C. segundo atestam nosso registros escritos..."* [92]   *(Grifo nosso).*

---

[90] Bíblia de Estudo de Genebra 2ª Edição – Comentário do livro de 2Crônicas Capítulo 2 Versículo 14. Página 562. Editora Cultura Cristã.
[91] HORNE, Alex. O Templo do Rei Salomão na Tradição Maçônica. Página 213. Editora Pensamento Ano de edição 1999.
[92] HORNE, Alex. O Templo do Rei Salomão na Tradição Maçônica. Páginas 6 e 7. Editora Pensamento. Ano de edição 1999.

O Pastor James Anderson menciona as histórias do Rei Salomão e Hiram Abiff na sua própria Constituição de 1723 e 1738.[93] Os textos referentes a lenda do Rei Salomão e Hiram lembram muito com a obra literária de Cooke. O leitor tem que ter muito cuidado ao ler a Constituição de Anderson do ano de 1723, quando ele menciona a palavra "MESTRE" na sua obra literária. Nesta época, a loja maçônica era composta por apenas Aprendiz Maçom, Companheiro Maçom e Mestre da Loja. O Mestre da Loja era o Venerável Mestre atualmente. Neste período não existia o terceiro grau de Mestre Maçom. Na Constituição de 1723, Anderson descreve:

"Desta forma nem o Mestre **(Venerável Mestre)** *nem os Vigilantes são escolhidos pela idade, mas sim por seus méritos."[94]*
(Grifo nosso).

Assassinato Hiram Abiff
(Lenda Hiram Abiff)

Todos os dias quando o sol estava na posição Zênite (meio-dia), o artífice Hiram Abiff paralisava o seu trabalho de ofício para orar e ter uma prosa com DEUS no Santuário. Três companheiros invejosos, ambiciosos e fanáticos conheciam toda a rotina e os passos do Hiram Abiff no interior do Templo do Rei Salomão que ainda estava em construção. Os companheiros perjuros são:

- Jubela;
- Jubelo;
- Jubelum.

Há outras formas e diferentes nomes que representam os maus companheiros, podemos destacar:

- Abiram, Romvel, Gravelot;
- Abiram, Romvel, Hobden;
- Giblon, Giblas, Giblos;
- Habbhen, Schterke, Austersfurth;
- Starke, Sterkin e Oterfut.

Os "Jubelos" representam os três principais vícios dos seres humanos repreendidos veemente na maçonaria, são eles: ignorância, fanatismo e a ambição. Esses três companheiros ingratos e traidores conhecidos como "Jubelos" (em inglês *"Juwes"*), resolveram obter a palavra secreta e conhecer os segredos a

---

[93] ANDERSON, James. Anderson´s Constitutions of 1723. Páginas 39 a 45.
ANDERSON, James. Anderson´s Constitutions of 1738. Capítulo III Páginas 11 a 17.
[94] ANDERSON, James. Anderson´s Constitutions of 1723. Página 81

qualquer custo utilizando à força, mesmo sabendo que não são merecidos. Os companheiros ainda não terminaram a construção do Templo e não completaram as devidas etapas das instruções do grau. Os três Companheiro resolvem cercar o Hiram Abiff nas três portas de acesso ao Templo, no momento da peregrinação da sua oração. Quando o Mestre Hiram termina a sua prece e já estava de saída, ele foi abordado na primeira porta ao Sul. O companheiro Jubela intercepta Hiram e solicita a palavra secreta repetindo três vezes. Hiram não revela e recebe um golpe com a régua causando cortes na sua garganta. Ele prossegue para a porta do Ocidente e para a sua surpresa aparece mais outro obreiro companheiro conhecido como Jubelo de posse de um esquadro pedindo a palavra de passe e realizando a mesma intimação. Categoricamente, Hiram rejeita e recebe uma pancada com a ponta viva do esquadro no seu peito, próximo ao coração quase arrancando-o, ferido ele ainda consegue fugir. Na porta no lado Oriente, o último companheiro Jubelum estava a sua espera para que ele revelasse a palavra. Infelizmente, Hiram recebe um golpe fatal com o maço sobre a sua cabeça.[95] Antes de morrer, Hiram grita: "Quem ajudará o filho da Viúva?" Desesperados os três Companheiros indignos resolvem enterrar o corpo no Monte Moriá cavando uma sepultura entre os escombros, marcando o local com um **ramo de acácia**. Os companheiros Jubela, Jubelo e Jubelum após o enterro fugiram na direção oeste no porto Joppa (Mar Mediterrâneo) para tentar obter a passagem. Os Jubelos foram impedidos de prosseguir pois não tinham as devidas autorizações. O planejamento dos Companheiros rufiões teve que ser mudado para alcançar a região da Etiópia[96]. Os rufiões preferiram ir para o interior do país escondendo em uma caverna a beira mar. Naquela época era comum os aprendizes e os Companheiros compartilharem as mesas para a refeição ao meio-dia e os encontros rotineiros nos alojamentos após a décima segunda hora do dia, no horário Judeu. Os dignos obreiros sentiram a falta dos três maus Companheiros. A ausência dos Jubelos foi comunicada ao Rei Salomão. Salomão também sentiu a falta do seu vigilante, devido a paralisação dos trabalhos do Templo. O Rei Salomão reúne 15 mestres mais velhos e experientes da sua legitima confiança e dentre eles elege apenas 09 mestres supervisionados pelo Johaben [97] como chefe da expedição, para realizar as buscas dos três companheiros maliciosos e descobrir o paradeiro de Hiram Abiff. Os três companheiros estavam ausentes no Templo, após a conferência e a chamada. Mas tarde os três companheiros foram descobertos quando estavam repousando em uma caverna. A lenda menciona que a expedição dos noves eleitos cortou as cabeças dos três Companheiros traidores, os *"Juwes"*. O Rei Salomão iniciou as buscas do corpo de Hiram Abiff marcado pelo ramo de acácia, para ter um enterro digno de um Grande Mestre Maçom. Os companheiros dignos e escolhidos pelo Rei Salomão encontram o corpo de Hiram e eles comentaram que: "a carne se desprende dos ossos". Esta lenda maçônica faz parte da ordem de Grau de Mestre

---

[95] Ritual do Grau de Mestre Maçom do Rito Escocês Antigo e Aceito da potência da Grande Loja Maçônica do Estado do Rio de Janeiro. Administração Sereníssimo Grão-Mestre Waldemar Zveiter ano 2014 a 2017. Página 62 e 63.

[96] Ritual do Grau de Mestre Maçom do Rito Escocês Antigo e Aceito da Grande loja Maçônica do estado do Rio de Janeiro. Página 65 - Administração 2014-2017 Waldemar Zveiter.

[97] Johaben – Filho de DEUS Pai.

Maçom e reflete aos irmãos na busca das virtudes e sabedoria e cavam-se masmorra para a ambição, a maldade e os vícios. Nesta lenda, o Mestre Hiram Abiff se torna um dos grandes Heróis da Maçonaria.

21. Olho de Hórus

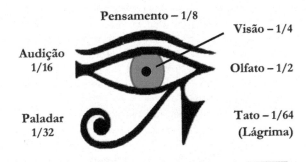

Pensamento – 1/8

Visão – 1/4

Audição
1/16

Olfato – 1/2

Paladar
1/32

Tato – 1/64
(Lágrima)

Olho que tudo vê

O olho de Hórus é um símbolo e um amuleto muito antigo de origem egípcia. O olho de Hórus representa o **olho do deus egípcio Hórus** que representa o deus do sol nascente que está aberto representando a força, vigor, saúde, segurança, proteção, visão, coragem e o poder. Repudia a inveja e o mau-olhado. O deus egípcio Hórus (Mitologia grega: Harpócrates) é filho de Ísis e Osíris.[98] O olho esquerdo de Hórus (Wedjat) representa a lua e o abstrato enquanto o olho direito (Udjat) representa o Sol e o concreto. A lenda do olho de Hórus nos remete no período da reconquista do trono egípcio pelo Hórus na batalha com o deus Seth (deus do caos, seca e da guerra). Durante a luta, o deus Seth arranca o olho esquerdo de deus Hórus (deus falcão), dando a origem ao olho de Hórus como um grande amuleto. A lágrima do olho de Hórus representa a dor da perda do olho esquerdo na batalha com deus Seth. O Olho de Hórus foi cortado e dividido e seis partes. Essas partes representam os cinco sentidos e o pensamento (6° Sentido). O sentido da visão é representado pela pupila do Olho de Hórus e está associada com a fração ¼ conforme o conhecimento matemático dos Egípcios. Na região do lado direito do Olho de Hórus próximo ao nariz, temos o olfato representando ½ . No lado esquerdo na direção da orelha simboliza a audição com a fração de 1/16. A lágrima representa o sentido do Tato com a fração de 1/64. A parte curvada representa o talo do trigo e lembra muito um broto, sendo representado pelo sentido do paladar e a fração de 1/32. A sobrancelha é usada para expressar as nossas emoções e por este motivo representa o pensamento associando ao sexto sentido e a fração de ⅛. O Olho de Hórus não é considerado somente como um símbolo religioso, ele também está associado aos conhecimentos matemáticos onde cada parte

---

[98] BULFINCH, Thomas. Livro de Ouro da Mitologia Histórias de Desuse e Heróis. Página 345. Editora Ediouro Publicações S.A. Ano 1796-1867.

representa uma fração. Os Egípcios utilizavam um sistema matemático binário $(1/2^n)$, semelhante ao que nós utilizamos na computação. Mistério!

A maioria das culturas associaram o Olho de Hórus como um símbolo que expressa fatores positivos como proteção e energia. O Olho de Hórus também é utilizado como símbolos na maçonaria, representando o Grande Arquiteto do Universo, observando os maçons como uma eterna vigilância. Às vezes, a Maçonaria coloca o Olho de Hórus sobre um triângulo ou um Delta Luminoso, fixando-o atrás do altar do Venerável Mestre ladeado pelo sol e pela lua. A posição do olho de Hórus entre o sol e a lua nos remete a mitologia antiga dos egípcios aplicados na maçonaria. O olho de Hórus também é conhecido como o Olho Onividente ou olho da Providência. Na Maçonaria, popularmente nós chamamos de Olho que tudo vê.[99] No meio profano este símbolo é muito utilizado para afastar o mau-olhado.

Muitos associam a glândula Pineal[100] como se fosse o terceiro olho do corpo humano e consequentemente relacionam este órgão com o Olho de Hórus. A glândula está localizada no centro do cérebro na altura da sobrancelha. A glândula Pineal, corpo Caloso, Tálamo, Hipotálamo e Bulbo juntos no cérebro assemelham-se fisicamente com o Olho de Hórus. O Filósofo francês René Descartes (1596 a 1650 – 53 anos) afirma que a glândula Pineal é capaz de sintetizar, captar e decifrar as vibrações espirituais, devido a sua localização em meio aquoso e da percepção da luz.

Origem do
Olho de Hórus

[99] QUEIROZ, Álvaro de. A Maçonaria Simbólica Rito Escocês Antigo e Aceito. Página 49. Ano de edição 2010. Editora Madras.
[100] A glândula Pineal está localizada no cérebro sendo um órgão responsável pela produção de melatonina, um hormônio derivado da serotonina, modulando os padrões do sono, aumenta a imunidade, relógio biológico e a digestão. Esta glândula também é conhecida como o olho da sabedoria.

22. Shibboleth (שִׁבֹּלֶת)

A palavra de origem hebraica "*Shibboleth*" foi traduzida pelos especialista na linguagem original da Bíblia como uma espiga de grãos ou espiga de cereais, mas também os estudiosos associaram como: curso de água corrente ou regato. Alguns autores também traduziram a palavra "*Shibboleth*": em crescimento ou cacho. Apenas como curiosidade caso o leitor deseja fazer uma pesquisa na Bíblia ou mesmo na Internet, o livro de Juízes menciona a mesma palavra como: "*Chibolete*" ao invés de "*Shibboleth*".[101] Na Bíblia nos livros de Jó e Salmos existem várias passagens com significados diferentes para a palavra "*Shibboleth*" (שִׁבֹּלֶת), vamos pesquisar este mistério?

Na Bíblia em Hebraico:

Livro de Jó Capítulo 24 Versículo 24: *"Por um pouco se exaltam, e logo desaparecem; são abatidos, encerrados como todos os demais; e cortados como as cabeças das espigas."*

Texto em Hebraico: [102]

יָמֹלוּ: **שַׁבֹּלֶת** וּכְרֹאשׁ יִקָּפְצוּן כַּכֹּל וְהֻמְכוּ וְאֵינֶנּוּ ׀ מְעַט רוֹמּוּ

---

[101] Para maiores detalhes e referência favor consultar o site da Universidade do Reino referente ao Estudo Bíblico Shibboleth ou Sibolet acessado em 02 de maio de 2021. Site: https://youtu.be/E2wtWMCXJxl

[102] Para maiores detalhes e referência consulte o site Nepe Search (Bíblia em Hebraico) acessado em 26 de janeiro de 2022 Site: https://www.nepe.wab.com.br/interlinear/?livro=18&chapter=24&verse=24

Livro de Salmos Capítulo 69 Versículo 2: *"Atolei-me em profundo lamaçal, onde se não pode estar em pé; entrei na profundeza das águas, onde a corrente me leva."*

Texto em Hebraico: [103]

שְׁטָפַתְנִי׃ וְ**שִׁבֹּלֶת** מַיִם בְּמַעֲמַקֵּי־ בָּאתִי מָעֳמָד וְאֵין מְצוּלָה בִּיוֵן ׀ טָבַעְתִּי

Livro de Salmos Capítulo 69 Versículo 15: *"Não me leve a corrente das águas e não me sorva o abismo, nem o poço cerre a sua boca sobre mim."*

Texto em Hebraico: [104]

אַל־ פִּיהָ׃ בְּאֵר עָלַי תֶּאְטַר־ וְאַל־ מְצוּלָה תִּבְלָעֵנִי וְאַל־ מַיִם **שִׁבֹּלֶת** ׀ תִּשְׁטְפֵנִי אַל־

A espiga na maçonaria simboliza abundância e a fartura que provém do Trigo ou Milho.[105] [106] A espiga e a água corrente estão representadas no painel Simbólico da Loja de Companheiro (Grau 2). A palavra *"Shibboleth"*, literalmente representa florescer, em crescimento ou transformar a semente em espiga. Simbolicamente alude o ato de lapidar o Companheiro (semente) para se tornar um grande Mestre Maçom (espiga). Existe um episódio Bíblico que define a origem e a história da palavra *"Shibboleth"* no Antigo Testamento no Livro de Juízes Capítulo 12 e Versículos 4 a 6. A Bíblia no livro de Juízes relata o confronto entre o exército da Tribo Efraim (2° Filho de José com egípcia Azenate) conhecidos como Efraimitas e o renomado exército do famoso general Gileadita conhecido como Jefté (8°Juiz de Israel - período entre 1106 a.C. a 1100 a.C.[107]). As terras da Tribo de Efraim localizavam no lado oeste (lado esquerdo) do Rio Jordão próximo a Tribo de Dã e do Mar Mediterrâneo. As tropas Efraimitas atravessaram o Rio Jordão no sentido oeste para o Leste desbravando o interior na direção oposta do mar Mediterrâneo para confrontar com a Tribo de Gade (7°Filho de Jacó com Zilpa) na região de Gileade (região montanhosa - Monte da Testemunha). Não fazia qualquer sentido em expor ambas as tropas com uma guerra interna totalmente desnecessária. Ambas as tribos de Efraim e de Gade possuíam uma contenda[108] com os Amonitas, porém Jefté era o único que lutava contra a tribo Amon. Especula-se que os Amonitas sacrificavam as crianças para

---

[103] Para maiores detalhes e referência consulte o site Nepe Search (Bíblia em Hebraico) acessado em 26 de janeiro de 2022.
Site: https://www.nepe.wab.com.br/interlinear/?livro=19&chapter=69&verse=2
[104] Para maiores detalhes e referência consulte o site Nepe Search (Bíblia em Hebraico) acessado em 26 de janeiro de 2022.
Site: https://www.nepe.wab.com.br/interlinear/?livro=19&chapter=69&verse=15
[105] LOMAS, Robert. O Poder Secreto dos Símbolos Maçônicos. Página 224. Editora Madras. Edição 2014.
[106] Ritual do Grau de Companheiro Maçom, Rito Escocês Antigo e Aceito da Grande Loja Maçônica do Estado d Rio de Janeiro. Sereníssimo Grão Mestre Waldemar Zveiter ADM 2014-2017. Página 75.
[107] **Juiz de Israel: Os juízes de Israel foram pessoas escolhidas por DEUS para julgar o povo de Israel durante a transição do governo de Moisés e os reis de Israel**. Relação dos Juízes de Israel: Otiniel, Eúde, Sangar, Débora, Gideão, Tola, Jair, **Jefté** , Ibsá, Elom, Abdom e Sansão. Para maiores detalhes e referência consulte a Bíblia livro de Juízes no Antigo Testamento e no site acessado em 01 de maio de 2021: Site: https://estiloadoracao.com/os-juizes-de-israel/
[108] No popular a palavra "Contenda" significa uma: **rixa** ou **discórdia**.

o deus Moloch. Ressaltamos que nesta época era de costume do vencedor da guerra apoderar-se (despojo) dos ouros, das pratas, joias, carros (meio de locomoção da época [109]), armas de guerra, objetos de valor, utilidades, animais (cavalos, gados, carneiros, cordeiros) e os homens, mulheres e crianças como servos.[110] [111] O Gileadita Jefté vence a batalha com os Amonitas. Os Efraimitas estavam desconfortáveis por questões de honra, orgulho e interesses financeiros referente aos despojos da tribo Amonitas por não ter participado da Guerra Amonite (povos amonitas[112]) a favor dos Gileaditas. Segundo relato no Livro de Juízes Capítulo 12 e Versículo 2 e 3, Jefté convida os Efraimitas para participar da batalha e eles ignoraram completamente o seu pedido de aliança. Os Efraimitas eram considerados um povo muito turbulento, violento e vociferante[113]. Esses conflitos aconteceram por volta do ano de 1106 a.C. O Juiz Jefté tentou por diversas vezes proclamar e estabelecer a paz entre as Tribos de Gade e Efraim apaziguando assim os ânimos, mas infelizmente não obteve êxito. O confronto entre as Tribos Efraimitas e Gileadita foi inevitável, e contra a vontade de Jefté. A tropa de Jefté vence a batalha com os Efraimitas e faz um bloqueio dos vaus[114] do Rio Jordão não permitindo o fluxo dos povos de Efraim nesta região. O Juiz Jefté ("*Yftach*") ordena a tropa de guarda para resguardar as margens especiais do Rio Jordão, afirmando categoricamente que caso houvesse a passagem do inimigo deveria ser abatido e morto imediatamente sem trégua ou discursão.

Shibbolet

---

[109] Passagem na Bíblia Livro 1Reis Capítulo 10 Versículo 26: *"Também ajuntou Salomão carros e cavaleiros, de sorte que tinha mil e quatrocentos carros e doze mil cavaleiros; e os levou às cidades dos carros, e junto ao rei em Jerusalém."* Para maiores detalhes e referência veja o site acessado em 30 de janeiro de 2022. Site: https://www.bibliaonline.com.br/acf/1rs/10/26+
[110] KRUSE, Walter. O Efraimita a tribo perdida de Israel. Capítulo 27 página 70 – Kindle - Ano 2016
[111] Ritual do Grau de Companheiro Maçom, Rito Escocês Antigo e Aceito da Grande Loja Maçônica do Estado d Rio de Janeiro. Sereníssimo Grão Mestre Waldemar Zveiter ADM 2014-2017. Página 75.
[112] Os amonitas eram povos descendentes de um relacionamento complicado entre Ló e sua filha mais nova, para garantir a linhagem da família. Os amonitas eram considerados violentos e cruéis. Semelhantes aos povos Efraimitas. Atualmente pertence as terras da Jordânia.
[113] **Vociferante:** ofender, reclamar intensamente.
[114] Significado de Vau: Lugar do rio onde é pouco fundo, raso podendo transportar a pé ou a cavalo.

SHIN ou SIN
21ª letra do alfabeto hebraico

SHIN
[Xibolé]

SIN
[Sibolé]

O general criou uma tática muito simples para identificar a tribo inimiga (Efraim), e funcionava como uma senha linguística ou trava-línguas. Os guardiões das margens do Rio Jordão solicitavam a todos os peregrinos para pronunciar a palavra *"Shibboleth"*, os quais desejavam cruzar o Rio. **"És tu Efraimita?"** A Tribo Efraim tinha um grande problema na pronúncia no idioma sagrado Hebraico devido o histórico da descendência Egípcia na ancestralidade de Azenate. Azenate era a esposa egípcia do Hebreu José e mãe de Efraim, e esta união permitiu a combinação das informações genéticas entre os Hebreu e os Egípcios carregando a estrutura molecular ácido desoxirribonucleico (DNA) nas descendências (linhagens) de Efraim e Manassés. Os Efraimitas não conseguiam pronunciar o som de "[Xi]" e sim o som de "[Si]", devido à grande dificuldade de falar o Hebraico. Os Povos da Tribo Efraim falavam foneticamente errados ao pronunciar o Xis (x), pois tinham grande dificuldades de emitir este tipo de som ao trincar os dentes, devido as questões regionais e de costume. Os Efraimitas ao invés de pronunciar corretamente a palavra como [**Xi**bolé] com o som da 21ª letra do alfabeto hebraico "SHIN", eles falavam [**Si**bolé] com o som semelhante da letra do alfabeto hebraico "SIN", modificado pelo sinal diacrítico.[115] Esta diferença na pronúncia delatava os reais inimigos. A Bíblia relata que morreram em torno de 42 mil Efraimitas[116] tentando atravessar a parte rasa do Rio Jordão.

Podemos verificar esta passagem na Bíblia:

Livro de Juízes Capítulo 12 Versículo 6: *"Então lhe diziam: Dize pois, Chibolete; porém ele dizia: Sibolete, porque o não podia pronunciar assim bem: então pegavam dele, e o degolavam nos vaus do Jordão; e caíram de Efraim naquele tempo quarenta e dois mil."* [117]

---

[115] **Diacrítico** significa: Um sinal gráfico que serve para distinguir as letras ou palavras alterando a pronúncia.

[116] Livro de Juízes Capítulo 12 e Versículo 5 e 6. " ... És tu Efraimitas? ... Dize, pois Chibolete; quando diziam xibolete, não podendo exprimir bem a palavra, então, pegavam dele e o matavam nos vaus do Jordão. E caíram de Efraim, naquele tempo, **quarenta e dois mil**."

[117] Para maiores detalhes e referência favor consultar o site da Universidade do Reino referente ao Estudo Bíblico Shibboleth ou Sibolet acessado em 02 de maio de 2021. Site: https://youtu.be/E2wtWMCXJxl

Texto em Hebraico: [118]

אֶל־ וַיִּשְׁחָטֻהוּ אוֹתוֹ וַיֹּאחֲזוּ כֵן לְדַבֵּר יָכִין וְלֹא סִבֹּלֶת וַיֹּאמֶר **שִׁבֹּלֶת** נָא אֱמָר־ לוֹ וַיֹּאמְרוּ
אֶלֶף: וּשְׁנַיִם אַרְבָּעִים מֵאֶפְרַיִם הַהִיא בָּעֵת וַיִּפֹּל הַיַּרְדֵּן מַעְבְּרוֹת

A palavra *"Shibboleth"* ficou eternamente gravada na maçonaria, após o Rei Salomão utilizar este símbolo na ordem do 2º grau. O milho, trigo e a água corrente simbolizam fartura, crescimento, nutrição e a perpetuidade proveniente das sementes das espigas.

Mapa das doze tribos de Israel
Período de 1200 a.C. a 1050 a.C.

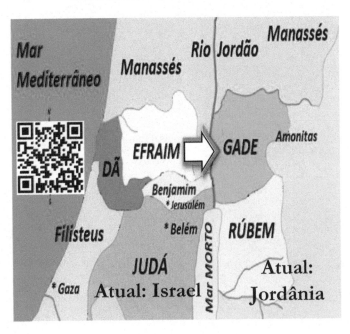

Mapa: Denyson Lima
Adaptado conforme a Bíblia de Genebra [119] [120]

---

[118] Para maiores detalhes e referência consulte o site Nepe Search (Bíblia em Hebraico) acessado em 26 de janeiro de 2022.
Site: https://www.nepe.wab.com.br/interlinear/?livro=7&chapter=12&verse=6
[119] Bíblia de Genebra 2ª Edição Revisada e Ampliada - Cronologia Bíblica – Mapa de número 03 Divisão das 12 Tribos de Israel. Página 1070. Editora Cultura Cristã. 2017.
[120] Para maiores detalhes e referência visualize esta região no site do Google Maps acessado em 25 dezembro de 2020 para comparar o mapa antigo no período 1200 a.C. a 1050 a.C. até os dias atuais. Site: https://goo.gl/maps/VRgm4cCRjVwdxN2k7

23. Flor Miosótis

A flor Miosótis [121] predominante na cor azul é conhecida popularmente como "Não-me-esqueças", e em outras línguas como: *"Vergissmeinnicht"* (alemão), *"Forget-me-not"* (inglês) e *"Nomeolvides"* (espanhol). Esta flor foi utilizada como emblema secreto pela maçonaria alemã, temendo perseguições e sansões nas lojas maçônicas no início do ano de 1934, após a ascensão do austríaco líder nazista Adolf Hitler, na Alemanha. Nesta época houve uma grande perseguição aos templos maçônicos e destruição de livros nos países: Alemanha, França, Noruega, Bélgica e. Holanda. A Grande Loja Maçônica da Alemanha (*Große Landesloge der Freimaurer von Deutschland - GLL FvD*) foi exterminada pelo Adolf Hitler e o seu Partido Nacional Socialista alemão fez um grande manifesto contra a Maçonaria na região. Por este motivo os maçons utilizavam a Flor Miosótis para poder ser identificado secretamente entre os irmãos na ordem maçônica. A maçonaria repudia veementemente todas as ações criminosas do regime Nazista.

---

[121] Para maiores detalhes e referência consulte o site Significados acessado em 15 de novembro de 2020, Site: https://www.significados.com.br/flor-miosotis/

24. Abóbada Celeste

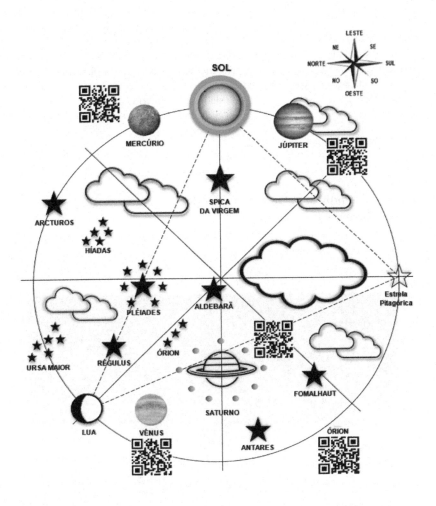

Na astronomia, a Abóbada Celeste[122] é conhecida como o hemisfério celeste visível e no popular chamamos de firmamento (espaço superior visível onde estão os astros). Os Tetos dos Templos maçônicos possuem cores brilhantes e vibrantes realçado pela cor azul celeste envolvendo os astros, os planetas, constelações e as estrelas que manifestam o poder místico oculto, a força, dimensões astronômicas e os mistérios que aludem toda a grandeza do Universo infinito, formando o firmamento. Na Grande Loja no Rito Escocês Antigo e Aceito (R.E.A.A.), a Abóbada Celeste é sustentada por 12 colunas Jônicas que representam os Zodíacos ou doze constelação. O sol percorre os 12 Zodíacos em uma faixa imaginária do firmamento no espaço de tempo de um ano solar. Os antigos acreditavam que existia uma força superior divina que unia a Terra e o Céu. Os antigos Egípcios relatavam que a Terra era o centro do universo e os demais planetas orbitavam a Terra, inclusive o astro rei o Sol. Para ter acesso ao Céu basta seguir o caminho da luz da Bíblia sagrada, tendo como o princípio a elevação da Fé, a Esperança e a Caridade e finalmente estaremos no topo da Escada de Jacó.

O Céu é o limite.

Veja abaixo as características técnicas de um templo na maçonaria:

- **Comprimento:** Oriente até o Ocidente;
- **Largura:** Norte ao Sul;
- **Profundidade:** Superfície ao Centro da Terra;
- **Altura:** Da Terra até o Céu.

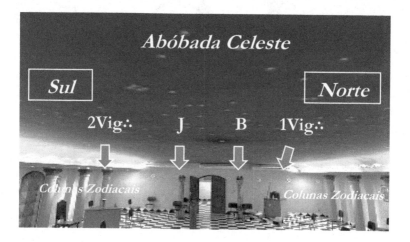

---

[122] Para maiores detalhes e referência consulte o site "Viagens pelo Universo" para visualizar os diversos planetas do sistema Solar, acessado em 22 de janeiro de 2022. Site : https://www.youtube.com/c/ViagenspeloUniverso/featured

Descrição do Teto
(Abóbada Celeste)

O Teto da Loja Maçônica é representada por uma abóbada Celeste, com cotas infinitas da terra até o céu, segundo os Rituais maçônicos. A abóbada Celeste é uma cópia fiel do Céu do Hemisfério Norte, decorado por nuvens, planetas, astros, satélites naturais e com as principais constelações celestes conhecidas da época, assim distribuídos: Sol, Mercúrio, Júpiter, Vênus, Lua, Saturno, Spica de Virgem (espiga), Arcturos, Híadas, Pléiades, Aldebarã, Órion, Ursa Maior, Régulus, Fomalhaut, Antares e a estrela Pitagórica (provavelmente a Estrela Flamígera – Lado Sul – 2° Vigilante). A representação dos **anéis de Saturno** no Templo maçônico evidencia o período da criação da abóbada celeste, estimada após o século XVII, no período áureo da transição do operativo e o especulativo. No ano de 1610, o italiano astrônomo Galileu Galilei faz uma descoberta muito interessante do planeta Saturno, utilizando apenas uma luneta que ampliava 20 vezes a imagem. A princípio Galileu não acreditou na existência de um anel no planeta apesar de visualizá-lo e menciona no seu relatório:

"O planeta mais alto sob a forma tríplice...O planeta Saturno não está sozinho, mas é composto em três, que quase tocam um ao outro e nunca se movem ou mudam um em relação ao outro. Eles estão arranjados em linha paralelo à eclíptica, e o do centro é três vezes maior que os das laterais." [123]

O Galileu estava afirmando que o planeta Saturno era muito distante da Terra e a imagem vista através da luneta lembrava vários anéis em volta do planeta Saturno, conforme o registro das suas anotações (desenho). O Galileu achou que o planeta Saturno estaria rodeado por dois satélites naturais muito próximos (tríplice), pois achava que o seu instrumento de trabalho estava apresentando defeito óptico. Somente no ano de 1655, o astrônomo Holandês Christiaan Huygens confirma a descoberta da existência dos anéis no planeta Saturno por Galileu depois de 45 anos.[124] Os planetas Netuno, Plutão, Urano e Marte não foram representados na abóbada Celeste no teto do Templo. Tudo tem a razão de ser! Os três planetas Netuno, Plutão e Urano não são visíveis ao olho nu, por este motivo não aparecem no Teto do Templo maçônico, pois simplesmente eram desconhecidos nesta época. O planeta Urano foi descoberto no dia 13 de março de 1781 por Sir William Herschel. O planeta Netuno foi observado apenas no dia 23 de setembro de 1846 pelo astrônomo matemático francês Urbain Le Verrier e o astrônomo matemático britânico John Couch

---

[123] Trecho da carta escrita para o Grão-Duque Cosimo de Medici enviado por Galileu Galilei.
[124] Para maiores detalhes e referência consulte o site Museu do Amanhã acessado em 11 de maio de 2021. Site: https://museudoamanha.org.br/pt-br/um-mergulho-em-saturno

Adam. O planeta recebeu este nome em homenagem ao deus romano dos mares e oceanos Netuno que corresponde ao deus grego Poseidon. O planeta Plutão foi descoberto somente no dia 18 de fevereiro de 1930 pelo americano astrônomo Clyde William Tombaugh.[125] A origem do nome planeta Plutão foi baseada ao deus romano da riqueza e dos mortos Plutão e ao deus grego do submundo Hades. A partir do ano de 2006 (24/08/2006), a União Astronômica Internacional (UAI) desconsidera o Plutão como um planeta convencional, recebendo uma nova classificação: **Planeta-anão**. O planeta Marte possui um segredo oculto na história da maçonaria. Na mitologia romana Marte ou Mavorte e na Mitologia grega **Ares** são deuses da Guerra e da carnificina. Na mitologia norueguesa e no paganismo germânico era conhecido como *"Tiw"*, *"Tew"*, *"Tyr"* ou *"Tywar"* o deus da guerra. O dia do "Tiw" era conhecido como *"Tiwesdæg"* no inglês arcaico (old English). O planeta Marte representa a Terça-feira no dia da semana (Latim: *"Tiu´s Day"*). Na língua inglesa esta palavra é representada por: *"Tuesday"*. Provavelmente o **planeta Marte** recebeu este nome devido a sua cor avermelhada, simbolizando à cor do sangue em alusão as mortes causadas pela guerra. O planeta Marte possui a aparência da cor vermelha porque o elemento predominante na sua superfície é o óxido de ferro (Fe_2O_3). Apesar do Planeta Marte ser visto na terra sem quaisquer usos de instrumentos e conhecido por todos nesta época, o planeta Marte foi omitido no interior da abóbada celeste devido a sua representação negativa que simbolizava a guerra. O planeta Marte é considerado como um sistema que consome a energia vital e exaltador da violência, sendo representado como Cólera (ódio, ira, rancor e raiva) nos sete pecados capitais e a Diligência (cuidado e meticuloso) na virtude capital. Marte simboliza os Zodíacos de Áries e Escorpião (fogo e água) na estreita ligação com o Setenário dos Planetas. Muitos autores afirmam que o planeta Marte representa o Guarda Externo ou Cobridor devido as suas funções de proteção e combate. O planeta Marte está localizado no lado externo do templo maçônico (átrio), não fazendo parte da abóbada celeste. A sua principal função é cobrir e fiscalizar a entrada do templo maçônico, alinhado com a estrela ANTARES que representa o Guarda do templo (interno) na abóbada celeste.

Vamos descrever cada planeta e os astros visualizados na abóbada Celeste em uma loja maçônica:

---

[125] Para maiores detalhes e referência consulte o site acessado em 05 de novembro de 2020. Site: https://academic.oup.com/astrogeo/article/38/3/9/290053

Sol e a Lua:
(Abóbada Celeste)

O Sol é uma grande estrela central do nosso sistema solar, irradiando todas as atividades e gerando vidas. O Sol faz parte do Círculo de ouro e está relacionado com o orgulho dos sete pecados capitais e magnanimidade na virtude capital. O Sol representa Domingo no dia da semana (Latim: *"Dies Sólis"*; Inglês: Sun´s Day = Sunday). A Lua[126] é o maior satélite natural no sistema solar, sendo considerado na categoria do Círculo de Prata e está relacionada ao pecado capital como Preguiça e a Humildade na virtude capital. A Lua representa Segunda-feira no dia da semana (Latim: *"Dies Lúnae"*; Inglês: Moon´s Day = Monday). O Sol simboliza o Zodíaco de Leão (fogo) e a Lua simboliza o Zodíaco de Câncer (água) na estreita ligação com o Setenário dos Planetas. Atualmente podemos afirmar que existem: 08 planetas, 05 planetas anões, 1600 asteroides e 179 luas (satélites naturais) que gravitam em torno da órbita solar. A Lua se afasta da Terra em 3 centímetros a cada ano e 3 metros a cada século (número mágico 3). Em uma das interpretações da mitologia grega, o deus do Sol era Titã Hélio, porém com a morte de seu filho Faetonte (Fáeton), ele abdica do seu cargo de deus do sol e transfere a tarefa para o deus Apolo (filho de Zeus Rei do Olimpo) seguir a viagem carregando o sol de leste a oeste na carruagem com quatro cavalos de fogo iluminando o planeta Terra. Na mitologia grega, a deusa da Lua era a Titã Selene ou a deusa Luna na mitologia romana. Apenas como informação, na mitologia grega, **Ártemis** era filha de Zeus e irmã gêmea de Apolo sendo considerada como a deusa da caça, castidade e dos animais selvagens. Mais tarde (provavelmente após a guerra dos Titãs) foi considerada como a deusa da lua, devido as grandes influência do seu pai ZEUS que era o deus do Olimpo. O Sol e a Lua representam o período dos trabalhos de um maçom operativo. Simbolicamente, toda a jornada de trabalho de um obreiro iniciava ao meio-dia quando o sol estava em Zênite (perpendicular ao planeta Terra não fazendo sombra) e finalizava quando a Lua quarto crescente se punha exatamente a meia-noite. O período de trabalho (meio-dia a meia-noite) dos pedreiros livres provavelmente teve a origem na construção do Templo de Zoroastro (profeta persa do Século VI a.C.) que como um relógio britânico iniciava sempre os trabalhos ao meio-dia e finalizava a meia-noite em ponto, conforme os estudos do profeta referente a astronomia e a composição do universo.

No Rito de York, o Sol e a Lua andam juntos lado a lado e são inseparáveis. As três luzes menores proveniente das três velas acesas inseridas nos castiçais nas posições Oriente, Ocidente e Sul representam o Sol, a Lua e o Mestre da loja (atual Venerável Mestre). O significado é muito simples, o Sol governa o dia, a Lua governa a noite e o Venerável Mestre não dorme porque ele governa a loja 24 horas por dia.[127]

---

[126] Foto tirada da Lua no dia 15 de maio de 2022 às 22:40 hs, período do grande eclipse lunar visível no Brasil.

[127] GUILHERME, João. Ritual de Aprendiz Maçom – Rito de York Americano. Potência GOIRJ. Página 98 e 99. Ano de edição 2009. Editora Zit Gráfica e Editora.

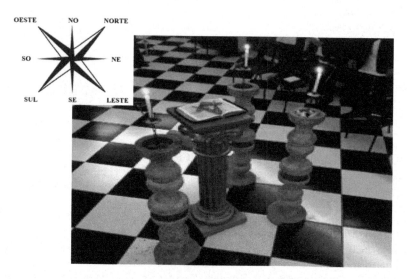

Rito de York *(Blue Lodge)*

Mercúrio
(Abóbada Celeste)

O planeta Mercúrio é o mais próximo do Sol seguido de Vênus e Terra e o menor dos planetas do nosso sistema solar (40% maior que a lua). Mercúrio não possui satélite natural. O planeta Mercúrio faz parte do Ciclo de Prata junto com a Lua, simbolizando os sentimentos, a sensibilidade e o grande veículo da atividade espiritual. Infelizmente Mercúrio representa a Inveja nos sete pecados capitais e a Paciência na virtude capital. O Mercúrio representa a Quarta-feira no dia da semana (Latim: *"Dies Mercurii"*). O planeta Mercúrio simboliza os Zodíacos de Gêmeos e Virgem (ar e terra) na estreita ligação com o Setenário dos Planetas. Na mitologia romana Mercúrio era o deus romano encarregado de enviar as mensagens de Júpiter de uma forma muito ligeira, também chamado de Jovis (Jove) e na mitologia grega era conhecido como Hermes. O Mercúrio usava um capacete com asas, uma bolsa fechada por um fio, uma varinha de condão, sandálias e um caduceu.[128] Mercúrio era filho de Júpiter e Maia e neto do Saturno. Provavelmente o planeta Mercúrio recebeu este nome devido a sua movimentação rápida no céu. O planeta Mercúrio viaja 47,87 km em apenas 01 segundo ao redor do sol (velocidade: 48 km/s ou 17.280 Km/h). É considerado o planeta mais rápido do nosso sistema solar. O cargo maçônico Primeiro Diácono é considerado o mensageiro do Venerável Mestre. Por este motivo alguns autores afirmam que o planeta Mercúrio alude ao Primeiro Diácono, mas também pode relacionar com o cargo Hospitaleiro.

Os povos gregos e romanos associavam o planeta Mercúrio ao deus grego

---

[128] Caduceu é um Bastão envolvido com duas serpentes opostas formando o número oito e na parte superior do bastão verificamos a presença de duas asas.

Hermes também conhecido como o deus da mitologia romana Mercúrio. Os povos germânicos associavam o planeta Mercúrio ao deus nórdico Odin e os egípcios relacionavam ao deus da magia, arte e sabedoria Thot ou Thoth. Todos simbolizavam a sabedoria. O dia da semana quarta-feira foi escolhida para homenagear o maior deus na mitologia nórdica, o clã mais importante dos deuses que era o pai de Thor, conhecido como Odin e em inglês *"Wonden"* e em germânico comum *"Wōdanaʐ"*. Por este motivo *"Wednesday"* significa o dia de *"Wonden"*, ou seja, *"Wondens´day"* (*"Wednesday"*).

Júpiter
(Abóbada Celeste)

Júpiter é o maior planeta do sistema solar e possui 79 satélites naturais conhecidas na sua órbita. Podemos destacar 04 grandes satélites: Calisto, Europa, Ganímedes e Io. O Satélite Natural Europa possui uma grande probabilidade de abrigar vida extraterrestre, conforme mencionado pelos cientistas. Júpiter está posicionado no Oriente na abóbada celeste do Templo maçônico. O planeta Júpiter é considerado como um pequeno sistema solar. Júpiter ordena e toma todas as decisões, ele é oposto ao planeta Saturno (seu pai - Cronos). Júpiter reina sobre as leis, a religião, prosperidade, mestrado, sabedoria e felicidade. Júpiter é um planeta que impõe autoridade marcando a idade madura de um ser humano. Jupiter representa a Gula no pecado capital e a Caridade na virtude capital. O planeta Júpiter simboliza os Zodíacos de Peixes e Sagitário (água e fogo) na estreita ligação com o Setenário dos Planetas. Na mitologia grega Júpiter era o deus Zeus. Na mitologia romana, Júpiter era o **rei dos deuses** (Past-Master) e deus do Olimpo, filho do deus da abundância Saturno com a Cibele e pai do deus da guerra Marte e das suas filhas a deusa do Panteão romano Vênus e a deusa das artes Minerva. Na mitologia norueguesa e no paganismo germânico Júpiter era conhecido como **Thor**, o senhor do trovão e dos raios. O Júpiter (Latim: *"Iovis"*) representa Quinta-feira no dia da semana (Latim: *"Dies Iovis"*). O nome *"Thursday"* vem de *"Þūnresdæg"* do inglês arcaico (*"Old english"*) que significa dia do Thor (*"Thor´s day"*).

Vênus
(Abóbada Celeste)

O planeta Vênus é o segundo mais próximo do sistema solar e está entre a órbita do planeta Mercúrio e a Terra. Vênus não possui satélite natural. O planeta Vênus é bem próximo ao planeta Terra e considerado o mais brilhante. A temperatura do planeta pode chegar até 471 °C, devido ao efeito estufa causado pela presença do CO_2 na atmosfera.[129] A órbita de Vênus ao redor do sol é considerada como um círculo justo e perfeito, em relação aos demais planetas do sistema solar. Vênus representa a vitalidade e geradora dos seres e da vida, nos pecados capitais é simbolizado pela Luxúria e na virtude capital a Temperança

---

[129] Para maiores detalhes e referência consulte o site Foca na História acessado em 05 de maio de 2021. Site: https://www.youtube.com/watch?v=ZiQyCHXUBuY

(moderado e comedido). Simboliza os Zodíacos de Touro e Balança (terra e ar) na estreita ligação com o Setenário dos Planetas. O caminho percorrido pelo Planeta Vênus (mensageiro) ao redor do Sol é perfeito, equivalente a uma trajetória circular e não elíptica. Na mitologia romana Vênus ou Vénus era a deusa do amor e da **beleza**, também conhecida como Afrodite na mitologia grega. Vênus era filha do Céu e da Terra. Na mitologia romana Vênus era filha de Júpiter com Dione e casada com Vulcano e teve relações extraconjugais com o deus da guerra Marte (Ares).[130] O filho de Vênus era conhecido como o Cupido na Mitologia romana e Eros na Mitologia grega, ambos representam o deus do amor. A deusa germânica da beleza, do amor, fertilidade e da luxúria era conhecida como Freya. Vênus representa a Sexta-feira no dia da semana (Latim: "Dies Veneris"). O nome "Friday" (sexta feira) tem a origem da palavra do inglês arcaico de "*Frigedæg*". O que significa dia da deusa germânica da beleza Freya ("Freya's day" = "*Friday*"). A deusa Freya era a esposa de Odin e madrasta de Thor.

Saturno
(Abóbada Celeste)

O Saturno é o sexto planeta do sistema solar girando em torno do sol com uma órbita completa de 30 anos em relação ao tempo da Terra. Atualmente o planeta Saturno possui 62 satélites naturais (luas) e sete anéis externos principais confirmados, porém na abóbada Celeste do templo maçônico foi representado apenas por 09 satélites com três anéis externos conhecidos na época da maçonaria operativa e início da maçonaria especulativa quando os rituais foram criados por volta do século XVIII. Estes 09 satélites de Saturno representam: Venerável Mestre, Primeiro Vigilante, Segundo Vigilante, Orador, Secretário, Tesoureiro, Chanceler, Mestre de Cerimônia e Guarda do Templo. As principais luas conhecidas do planeta Saturno são: Titã, Enceladus, Rhea, Mimas, Thethys, Dione, Iapetus, Jápeto e Hyperion. E os três anéis externos concêntricos de Saturno representam: os Aprendizes, os Companheiros e os Mestres Maçom. O planeta Saturno representa o Ciclo de Bronze ou de chumbo sendo considerado como materialista e no pecado capital equivale a Avareza e como virtude capital a Castidade. O Saturno representa o Sábado no dia da semana (Latim: "*Dies Saturni*"; Inglês: "*Saturn's day = Saturday*"). Simboliza os Zodíacos de Aquário e Capricórnio (ar e terra) na estreita ligação com o Setenário dos Planetas. Na mitologia grega, o deus do tempo e da agricultura era conhecido como deus Cronos e na mitologia romana o deus da geração, abundância, arquitetura, riqueza e do **tempo** era conhecido como deus Saturno (filho caçula de Urano). O deus grego Cronos era conhecido como o "tempo dos homens", ou seja, segue uma ordem cronológica, tempo físico. O Saturno era o pai de Júpiter (Zeus) e avô de Marte, Vênus, Apolo,

---

[130] BULFINCH, Thomas. Livro de Ouro da Mitologia Histórias de Desuse e Heróis. Página 13. Editora Ediouro Publicações S.A. Ano 1796-1867.

Mercúrio, Baco e Minerva.[131] Este planeta representa a prudência, a paciência, a meditação e a solidão.

CURIOSIDADES:

Grécia Antiga

Parthenon
(Dedicado a deusa Atena)

Para maiores detalhes e referência sobre a Grécia Antiga e os principais deuses gregos Olimpos consulte o site https://youtu.be/H7tY0E7--GY acessados no dia 25 de dezembro de 2020, ou acesse a página do YouTube através do QRCODE abaixo:

Grécia Antiga

---

[131] BULFINCH, Thomas. Livro de Ouro da Mitologia Histórias de Deuse e Heróis. Páginas 11, 12, 13 e 14. Editora Ediouro Publicações S.A. Ano 1796-1867.

Spica de Virgem:
(ímbolos Secretos: Abóbada Celeste)

A constelação Spica de Virgem ou Constelação Virgo pertence a um grupo de estrelas Zodiacais muito antiga, representada pela rainha a deusa Ishtar e a deusa grega das colheitas. Por este motivo a deusa sempre aparece com uma espiga (SPICA) de trigo simbolizando a fertilidade, abundância, prosperidade e o segundo Grau de Companheiro maçom (*"Shibboleth"*). A Spica é considerada a estrela mais brilhante do grupo e está situada a mais de 250 anos-luz da Terra e localizada exatamente na mão esquerda da deusa Ishtar, representando a silhueta da virgem formada pela Constelação Virgo. Na bandeira do Brasil a constelação Spica de Virgem representa o estado do Pará e localiza-se acima da faixa Ordem e Progresso. No ano de 1889 a região do Pará era o único território de grande porte acima da linha do Equador (estado mais setentrional[132] do Brasil na época da república). Apenas como curiosidade a faixa Ordem e Progresso na Bandeira do Brasil representa a linha do Equador.[133]

Arcturos
(Abóbada Celeste)

A estrela Arturo, Arcturos ou Arcturus ou Alf Boo é considerada a quarta estrela mais brilhante vista na Terra durante a noite e pertence a classe k dos sistemas de classificação estelar. A distância da estrela Arcturos até o sistema solar é de 33 anos-luz. Na mitologia grega, Arturo é conhecido como Icário, que teve o privilégio de conhecer os segredos da fabricação do Vinho. Na mitologia, a filha virgem de Icário se chamava Erigone. Após a morte Icário e da sua filha Erigone, eles viraram constelação e estrela. Erigone virou a constelação de Virgem e o seu pai se transformou na Estela Arcturos. Na astrologia, a estrela Arcturos é regente sobre o signo de Libra.

Híadas ou Híades
(Abóbada Celeste)

Na mitologia grega, as Híadas eram filhas de Atlas e Etera e irmãs das Plêiades e amas do Dionísio. As Híades são irmãs que nunca mais pararam de chorar após a morte do seu irmão Hyas e eram conhecidas como "fazedoras de chuva". Os antigos associavam às chuvas, devido ao aparecimento da constelação coincidir com a estações das chuvas da primavera na Grécia. O aglomerado das cinco estrelas principais da constelação Híadas aludem ao grau de Companheiro Maçom.

---

[132] Setentrional significa tudo que se refere ao Norte ou boreal.
[133] A linha do equador passa pelos estados brasileiros do Amazonas, Roraima, Pará e Amapá. Totalizando 04 estados brasileiros cortados pela linha do Equador.

Pléiades
(Abóbada Celeste)

Na Constelação de Touro existem **sete** (07) estrelas que representam o grupo Pléiades. Na mitologia grega, as Pléiades eram sete irmãs: Alcione, Astérope (Asteropo), Celeno, Electra, Maia, Mérope e Taigete (Taígeta) e todas elas são filhas do casal Titã Atlas e Peione. As sete irmãs eram conhecidas como "Jovens d´Água" ou "Donzelas do Gelo". A palavra *"Plein"* significa navegar sobre as águas. O caçador incansável Órion perseguiu a mãe e as suas sete filhas por sete longos anos fazendo investidas amorosas. Júpiter (Zeus) as transforma em pombas (plêiades) e voam diretamente para o céu tornando-se estrelas, formando assim a cauda da constelação de Touro.

Aldebarã
(Abóbada Celeste)

A estrela Aldebarã ou Aldebaran ou Alpha Tauri pertence a constelação de Touro e é a mais brilhante, conhecida como: "aquela que segue". Aldebarã ocupa exatamente a posição do olho esquerdo da figura formada de um Touro, na constelação Taurus. Está distante da Terra em 68 anos-luz. A estrela possui uma cor alaranjada (espectral K5 III), e por este motivo, na Grécia antiga era conhecida como "tocha" ou "facho". É considerada como a estrela real guardiã do Leste e dos céus dos Persas, marcando a entrada do Equinócio Vernal (21 de março – Estação Outono no hemisfério Sul e Estação Primavera no hemisfério Norte – Zodíaco Aires).

Aleph

Essa estrela representa a honra, a riqueza e alude a primeira letra do alfabeto Hebraico, *"Aleph"*. A primeira letra do alfabeto Hebraico *"Aleph"* possui o significado: "primeiro", "primogênito", "alpha" e "touro".

Órion
(Abóbada Celeste)

A constelação de Órion[134] possui uma grande popularidade, devido ao seu brilho esplendor no céu e a visibilidade em ambos os Hemisférios: Norte e Sul. Nas noites de verão no Brasil (solstício de verão - dezembro), a constelação de Órion fica mais visível do que outros períodos da estação. Na mitologia grega, Órion era filho de Netuno e representava um poderoso gigante caçador ou um

---

[134] Para maiores detalhes e referência consulte o site sobre a estrela das Três Marias acessado em 06 de novembro de 2020. Site: https://youtu.be/kDigRKFx25o

grande guerreiro.[135] A constelação de Órion assemelha com um caçador portando uma arma (arco e flecha ou escudo) e um cinturão formado pela disposição de várias estrelas brilhantes. As estrelas brilhantes deste cinturão são conhecidas como as Três Marias (Alnitak, Alnilam e Mintaka). Elas fazem parte da Constelação de Órion e estão alinhadas formando o Cinturão do caçador ou Cinturão de Órion. As Três Marias possuem um brilho 30 mil vezes maior do que o Sol alcançando uma temperatura de superfície de 25.000°C (cinco vezes superior a temperatura de superfície do sol). Na verdade, o grupo apelidado de Três Marias é composto por nove estrelas assim distribuídas 3 (Alnitak Aa, Alnitak Ab e Alnitak B), 1 (Alnilam) e 5 (sistema triplo e sistema binário). As noves estrelas estão alinhadas no espaço a uma distância de 1500 anos-luz [136] da Terra com um posicionamento médio de 80 a 100 anos-luz entre elas. Por este motivo, o observador na Terra percebe que este conjunto é formado por apenas três únicas estrelas brilhantes. Além das Três Marias, as principais estrelas Betelgeuse, Bellatrix, Meissa, Rigel e Saiph também fazem parte da constelação de Órion. Na tradição Árabe, a constelação Órion era conhecida como a ovelha negra com um cinto ou mancha branca. Esta tradição lembrava o uso do avental de carneiro na cor branca pelo Aprendiz Maçom. Alguns autores afirmam que as Três Marias (constelação de Órion) correspondem ao Aprendiz Maçom.

Ursa Maior
(Abóbada Celeste)

A constelação Ursa Maior ou Ursae Majoris se destaca no hemisfério norte devido a sua visualização plena nesta região. Na mitologia Grega, a formação da Constelação de Ursa Maior foi devido a uma traição de Jupiter (Zeus) com a bela jovem Calisto de pele macia. A deusa grega Hera (deusa romana Juno), esposa de Zeus, descobre a gravidez da ninfa com o seu marido e resolve punir a sua rival com uma maldição para que a jovem tenha muitos pelos e as suas delicadas mãos transforme em uma pata de urso com garras afiadas. Enfim Calistro transforma-se em uma grande Ursa vagando sobre a floresta. Sem saber, o seu filho caçador Arcas (filho de Zeus com Calisto) estava preste a matar sua mãe Ursa. O deus do Olimpo Zeus não permite tal judiação e transforma mãe e filho em duas constelações: Ursa Maior (mãe) e Ursa menor (filho).[137] A última estrela da cauda da Ursa Maior é conhecida com os nomes: Alkaid ou Alcaid ou Benetnasch ou Elkeid. Estes nomes fazem referência a: primeira das servas de luto do Árabe Al-Qaíd. Alguns historiadores afirmam que a constelação da Ursa Maior alude a passagem da morte de Hiram Abiff (filho da viúva), na construção do Templo do Rei Salomão.

---

[135] BULFINCH, Thomas. Livro de Ouro da Mitologia Histórias de Desuse e Heróis. Página 248. Editora Ediouro Publicações S.A. Ano 1796-1867.
[136] **ANO-LUZ**: – É um parâmetro de distância percorrida pela luz em um ambiente à vácuo, em um período de 1 ano. Velocidade da Luz: 300.000 km/seg, em um ano percorrerá em torno de 9 trilhões e 500 bilhões de km.
[137] BULFINCH, Thomas. Livro de Ouro da Mitologia Histórias de Desuse e Heróis. Páginas 42,43 e 44. Editora Ediouro Publicações S.A. Ano 1796-1867.

Régulus e Fomalhaut
(Abóbada Celeste)

A estrela Régulus ou Regalus ou α-Leonis é a mais brilhante e pertence a Constelação de Leão e a sua localização é próxima ao Coração deste grupo Zodíaco. Antigamente a estrela era conhecida como *"Cor Leonis"* em latim ou *"Qalb al-Asad"* em Árabe. É considerada como a estrela real guardiã do Norte e dos céus dos Persas, marcando a entrada do Solstício de Verão (21 de junho – Estação Inverno no hemisfério Sul e Estação Verão no hemisfério Norte).

A estrela Fomalhaut possui a origem Árabe que significa a boca do peixe. É uma estrela mais brilhante da constelação Peixe Austral ou Alpha Piscis Austrinus (Alpha PsA). A estrela está próxima a constelação de Aquários e Capricórnio. É considerada como a estrela real guardiã do Sul e dos céus dos Persas, marcando a entrada do Solstício de Inverno (21 de dezembro – Estação Verão no hemisfério Sul e Estação Inverno no hemisfério Norte). A estrela Fomalhaut está a 25 anos-luz da Terra.

Antares
(Abóbada Celeste)

A estrela Antares é uma estrela supergigante de classe M na cor vermelha e o seu nome alude a uma rivalidade com o planeta escarlate Marte (na mitologia Romana, o deus da Guerra era Marte e na Mitologia grega o deus da guerra era conhecido como: Ares), ou seja, Anti-Ares ou Antares. Esta estrela pertence a constelação de Escorpião (*"Scorpius"*). Ela também é conhecida como o coração do Escorpião sendo 16ª estrela mais brilhante no nosso céu, próximo a constelação de Esquadro e Lupus. A distância da Estrela Antares e do planeta Terra é de aproximadamente de 500 anos-luz. É considerada como a estrela real **guardiã do Oeste** e dos céus dos Persas, marcando a entrada do Equinócio de Outono (22 de setembro – Estação Primavera no hemisfério Sul e Estação Outono no hemisfério Norte). Por este motivo, a estrela Antares representa o cargo de Guarda do templo ou Guarda Interno (guardião), trabalhando em conjunto com o cargo de Cobridor ou Guarda externo (representando o planeta Marte), garantindo assim a segurança e a harmonia do templo entre a fronteira do mundo profano e o mundo iniciático. Os cargos ficam opostos e separados por uma porta de entrada ao templo no **lado Oeste**. Lembramos aos leitores que o planeta Marte não faz parte da abóbada celeste (teto do templo), por este motivo o cargo que representa o planeta Marte posiciona-se no lado do átrio (área externa ao templo), ou seja, o lado de fora do templo maçônico.

Estrela Pitagórica
(Abóbada Celeste)

A estrela Pitagórica também conhecida como Estrela Pentagrama ou Estrela sem nome ou Stella Pitagoris é interpretada e associada como a estrela **Flamígera** representada na abóbada celeste. A estrela Flamígera é um componente inseparável do segundo grau de Companheiro Maçom. Esta estrela não faz parte do firmamento pois ela é considerada como um componente místico. Na abóbada celeste, a estrela Pitagórica está situada ao lado sul acima do trono do segundo Vigilante, completamente solitária. A coluna do sul pertence a guarda do Segundo Vigilante e é o responsável pelos trabalhos e o acompanhamento da evolução dos Companheiros maçom no Rito Escocês Antigo e Aceito e demais Ritos semelhantes. Provavelmente essa estrela está relacionada com o grau de Companheiro Maçom e o cargo de Segundo Vigilante.[138]

CURIOSIDADES:

Planetas em tempo real

Um grupo de quatro eslovacos fanáticos por astronomia criaram o site que visualiza a posição dos planetas em tempo real no formato 3D, permitindo ao usuário a liberdade de escolha para inspecionar diversos planetas e as constelações conforme a seleção da data disponível no sistema (Passado, Presente e Futuro). O site Solar System Scope (em português: Telescópio do Sistema Solar) foi acessado em 30 de janeiro de 2022. Veja o Site para maiores detalhes e referência: www.solarsystemscope.com/.

Planeta Terra

Na Mitologia grega, a deusa da Terra ou Mãe-Terra era conhecida como **Gaia** sendo a segunda divindade primordial que surgiu após o Caos (primeiro deus primordial no Universo). Gaia se casa com Urano deus do céu (deus grego e deus romano) e tiveram 12 filhos Titãs, dentre eles o famoso deus do tempo Cronos (Na Mitologia romana era conhecido como Saturno).

---

[138] QUEIROZ, Álvaro de. A Maçonaria Simbólica Rito Escocês Antigo e Aceito. Página 46. Editora Madras. Ano de Edição 2010.

25. Colunas Zodiacais

Colunas Zodiacais Jônicas (R.E.A.A)

O estudo dos astros teve a origem em torno do ano de 3.000 a.C. através dos povos Sumérios da região norte da Mesopotâmia. Alguns autores afirmam que a origem foi na cidade de **Ur** (cidade-estado da antiga Suméria, hoje província de Dhi Qar do Iraque). Atribuímos também a criação do primeiro Calendário aos povos Sumérios, baseado nos movimentos da lua. Cada mês começava com a lua nova (354 dias).

Os homens que vigiavam e zelavam pelos seus rebanhos durante a noite observaram a mudança de posição dos corpos celestes no firmamento e para a sua surpresa os astros e as estrelas apresentavam uma regularidade no seu posicionamento, voltando a ocupar a posição coincidente no espaço celeste em um determinado período de importância na sua vida quotidiana como:

- Épocas de chuva;
- Plantio;
- Colheita;
- Procriação do Rebanho;
- Estações do ano;
- Marcação do tempo.

Os observadores tinham a expertise para prever a localização dos diversos corpos celestes em um determinado período do ano e conheciam perfeitamente a sua trajetória e o formato. Uma das provas em que a humanidade estava buscando os conhecimentos e as curiosidades dos posicionamentos dos Astros são os diversos monumentos arqueológicos espalhados ao redor da Terra, como Stonehenge (3.000 a.C.) na Inglaterra. Este monumento pré-histórico é formado por vários círculos concêntricos de pedras de 25 a 50 toneladas e está perfeitamente alinhado com o último pôr do sol na estação do Inverno, celebrando o início da primavera. Foi utilizado como uma espécie de calendário do ano solar.

Após vários períodos de observação e análise, os estudiosos dividiram o caminho eclíptico do sol (linha imaginária celeste)[139] em 12 partes que contém as constelações posicionadas ordenadamente na trajetória, percebido na superfície da terra. A maioria das constelações possuem uma similaridade com figuras de animais vista no espaço celeste, os quais chamamos atualmente de Zodíaco e estão posicionadas na trajetória imaginária do sol (visto pela terra) obedecendo uma sequência de aparição conforme as estações do ano. Aliás, a palavra zodíaco tem a origem grega que significa "círculo de animais". Podemos citar: Áries, Leão, caranguejo entre outros. As doze casas zodiacais foram padronizadas ainda na antiguidade, porque cada comunidade associava imagem, astros e nomes diferentes, influenciados pelos povos:

- Babilônios;
- Egípcios;
- Gregos;
- Romanos;
- Sumérios.

Apesar das diferença, havia traços comuns nos estudos dos Astros desta época. A Astronomia faz parte de uma das sete artes liberais estudadas na ordem maçônica. Ressaltamos que: segundo o dicionário, a Astronomia é a ciência que estuda os corpos, astros celestes e seus movimentos, para situá-los no espaço e no tempo. Atualmente, a Astronomia não associa as influências dos Astros nas vidas das pessoas, em hipótese alguma. O estudo que associa as influências dos astros sobre as pessoas se chama Astrologia. Não podemos criar este tipo de confusão e interpretação; Uma atividade é a Ciência (Astronomia) e a outra é estudo (Astrologia). Neste capitulo, nós iremos pesquisar as 12 casas Zodiacais contidas na trajetória eclíptica do sol, fazendo uma alusão com a trajetória do Maçom no Rito R.E.A.A. e a própria vida profana.

---

[139] Eclíptica é uma linha imaginária que possui a projeção na esfera celeste da trajetória aparente do Sol observada a partir da superfície da Terra. Esta linha imaginária contém as constelações do Zodíaco. Lembramos que: a Terra realiza o movimento de translação em torno do sol percorrendo uma órbita elíptica em um período completo de 365 dias, 5 horas e 48 minutos. O observador do planeta Terra, percebe erroneamente que o sol está realizando todo este trabalho percorrendo a linha imaginária.

Calendário ROMANO
(Símbolos Secretos – colunas Zodiacais)

No século VIII a.C., o primeiro Rei de Roma Rômulo (por volta de 753 a.C.) criou o calendário Romano primitivo Lunar com 304 dias e dez meses, iniciando o calendário no mês de março (primavera) e finalizando no décimo mês conhecido como dezembro (dez). Vamos listá-los:

- 1º mês – Martius (Marte);
- 2º mês – Aprilis (Vênus);
- 3º mês – Maius (Maia, deusa da primavera);
- 4º mês – Junius (Juno, esposa de Zeus);
- 5º mês – Quinctilis (Imp. Júlio Cesar 49 a 44 a.C.);
- 6º mês – Sextilis (Imp. Augusto 27 a 14 d.C.);
- 7º mês – Septem;
- 8º mês – Octo;
- 9º mês – Nove;
- 10º mês – Decem.

Nesta época, verificamos claramente a importância dos povos primitivos do **hemisfério norte** de associar o ciclo lunar e as estações do ano com o período do calendário. Por este motivo o ciclo iniciava no mês de Março devido à época de renovação, mês da semeadura, período do florescimento, mês da fertilidade surgindo uma nova vida durante a estação da primavera e principalmente o início do equinócio vernal quando o sol cruza o equador celeste. Após criar vida (nascimento), torna-se mais firme e jovem na época do sol do Verão (adolescência). Os seres vivos e os vegetais vão crescendo e fortalecendo, mas o período da juventude é marcado na estação do Outono quando as folhas começam a cair e no inverno na maturidade desabrocham ou hibernam e o ciclo começa no mês de março novamente (primavera).

"A Primavera lá estava, com a cabeça coroada de flores, o verão livre de seus trajos, com uma guirlanda de hastes de trigo maduros, o Outono com os pés manchados do caldo da uva e o inverno com os cabelos cobertos de granizo." [140]   **Autor Thomas**

---

[140] BULFINCH, Thomas. Livro de Ouro da Mitologia Histórias de Desuse e Heróis. Página 52. Editora Ediouro Publicações S.A. Ano 1796-1867.

12 Colunas Zodiacais REAA
(Símbolos Secretos – colunas Zodiacais)

As colunas Zodiacais são heranças das Lojas Mães escocesas. A principal função das colunas é evidenciar as constelações zodiacais, que estavam ausentes na decoração da abóbada celeste no templo maçônico. A maioria das lojas que praticam o Rito Escocês Antigo e Aceito (R.E.A.A.) possuem doze (12) colunas Zodiacais de característica Jônica divididas em dois grupos de seis (06) colunas localizadas no setentrião (lado norte) e mais seis (06) colunas localizadas no meridião (lado sul), ambos fincados no ocidente, totalizando assim 12 colunas zodiacais. Não há colunas Zodiacais no lado do Oriente. Na Mitologia romana tem uma passagem com o deus Apolo quando ele descreve o palácio do sol:

"A terra mostrava as cidades, florestas, rios e as divindade rústicas. Dominando tudo, estava esculpida a imagem do glorioso céu, e, nas portas de prata, os signos do zodíaco, seis de cada lado."
[141]

Metaforicamente as colunas Zodiacais sustentam a abóbada celeste no templo maçônico no Rito Escocês Antigo e Aceito.[142] Porque não acreditar neste fato, uma vez que o deus do sol (Apolo / Hélio) percorre com a sua carruagem de fogo do Leste ao Oeste com quatro cavalos iluminando toda a terra. Esta carruagem de fogo está estampada no Frontispício da Constituição de James Anderson.

Este estudo é muito polêmico, porque alguns autores declaram que a afirmação de sustentação da abóbada celeste através das doze colunas zodiacais não é verdadeira, devido à ausência de sustentação da abóbada celeste pelas colunas Jônicas no lado do Oriente. Mas a maioria da interpretação do Rito Escocês Antigo e Aceito é diferente, pois as doze colunas Jônicas no lado ocidente fazem todo este trabalho de apoio.

[141] BULFINCH, Thomas. Livro de Ouro da Mitologia Histórias de Desuse e Heróis. Página 51 e 52. Editora Ediouro Publicações S.A. Ano 1796-1867.
[142] Ritual do Grau de Aprendiz Maçom do Rito Escocês Antigo e Aceito da Grande loja Maçônica do estado do Rio de Janeiro (GLMERJ). Página 159/160 - Administração 2014-2017 Waldemar Zveiter.

O Titã deus dos céus e da Astronomia **Atlas**[143] sustenta o céu no seu ombro até os dias de hoje, como castigo da derrota da Guerra dos Titãs, segundo a Mitologia romana, por que não sustentar uma abóbada celeste com doze colunas muito bem apoiadas e fortes.

Vamos posicionar as colunas no templo:

- Coluna do lado Norte: Áries, Touro, Gêmeos, Câncer, Leão, Virgem.
- Coluna do lado Sul: Libra, Escorpião, Sagitário, Capricórnio, Aquário e Peixes.

Lado Norte do templo.

As colunas Zodíacais do lado Norte estendem-se ao longo da posição do cargo 1º Vigilante até a posição do cargo Tesoureiro (balaustrada do Oriente - Norte) fincando as primeiras três colunas do Zodíaco que representam a primavera (Aires, Touro e Gêmeos) e as três últimas colunas do Zodíaco que representam o Verão (Câncer, Leão e Virgem), seguindo exatamente esta ordem. A primeira coluna Zodiacal Áries ♈ inicia na estação da Primavera conhecida como equinócio da primavera ou ponto vernal ou primeiro ponto de Áries. As próximas colunas Touro ♉ e Gêmeos ♊ completam todo o período e jornada da Primavera. As colunas Zodiacais Câncer ♋, Leão ♌ e Virgem ♍ representam a estação do Verão no Hemisfério Norte e o início do Solstício de verão. O período compreendido entre o renascimento da Primavera (infância) e a finalização do Verão (adolescência) corresponde exatamente ao caminho da transformação e do aprimoramento do Aprendiz Maçom (1º Grau), desde o seu ingresso na ordem.

---

[143] Para maiores detalhes veja a imagem de domínio público do autor **Gustavo Trapp** na Wikimedia acessado no dia 04 de janeiro de 2022. Site: https://upload.wikimedia.org/wikipedia/commons/2/29/Atlas_Schloss_Linderhof.JPG

Lado Sul do Templo

As colunas Zodiacais do lado Sul estendem-se ao longo da posição do cargo de Chanceler (balaustrada do Oriente - Sul) até a posição do cargo de Mestre de Harmonia fincando as primeiras três colunas do Zodíaco que representam o Outono (Libra, Escorpião e Sagitário) e as três últimas colunas do Zodíaco que representam o Inverno (Capricórnio, Aquário e Peixes), seguindo exatamente esta ordem. As três primeiras colunas representam os Zodíacos de Libra ♎, Escorpião ♏ e Sagitário ♐ estão associadas a estação Outono que aludem ao caminho tortuoso do Companheiro Maçom (2º Grau) no período associado à sua juventude e o início do equinócio. A juventude sempre foi considerada um período muito turbulento e incerto. As últimas três colunas Zodiacais Capricórnio ♑, Aquário ♒ e Peixes ♓ representam o Inverno e o início do Solstício de inverno associando o caminho do Mestre Maçom (3º Grau) baseado na sua experiência e maturidade para finalizar a caminhada dos degraus da maçonaria (escada). Neste instante a Natureza se despede do sol.

Ambas as colunas Zodiacais Jônicas do lado Norte e do lado Sul percorrem o mesmo sentido horário do Templo Maçônico em conformidade com a posição do espaço celeste respeitando a ordem dos círculos de perpétua aparição das 12 casas zodiacais, observados na superfície da Terra.

Hemisfério Norte

Lembramos ao leitor que nesta época o apogeu da Maçonaria estava concentrado no Hemisfério Norte, por este motivo estamos adotando a referência das estações do ano nas regiões que estão localizadas acima da linha do equador (Europa, América do Norte). É muito importante ressaltar para o leitor que a inclinação do eixo de rotação da terra (valor aproximado de 23,5º) e o movimento de translação da terra ao redor do sol causam discrepância de climas entre os hemisférios Norte e Sul. Este fato é devido as diferentes exposições dos raios solares atingindo a terra em cada período do ano. Alguém já não notou algo estranho quando associamos o Papai Noel com muita neve e regiões muito frias em pleno verão brasileiro? O clima do Brasil (hemisfério Sul) é oposto dos Estados Unidos (hemisfério Norte). Verificamos a grande importância do mês de Março (Primavera) nos processos listados abaixo:

- Formação das 12 casas Zodiacais iniciando por Áries (Períodos: Zodíaco Tropical 21 de março a 20 de abril e Zodíaco Sideral 15 de abril a 15 de maio);[144]
- Criação do Calendário Romano também iniciando no mês de março (1ºMês do calendário);
- Criação do calendário maçônico iniciando no dia 21 de março;

---

[144] Para maiores detalhes e referência sobre os períodos de cada Zodíaco favor consultar o site Wikipedia acessado no dia 02 de janeiro de 2022.
Site: https://pt.wikipedia.org/wiki/Zod%C3%ADaco

- Ciclo da vida;
- Menção da primavera Mitologia Greco-Romana.

Existe um grande mistério que envolve as doze colunas zodiacais no Rito REAA. As colunas jônicas foram adornadas no templo apenas para nos guiar nas estações do ano e acompanhar a evolução do maçom? Ou existe algo mais místico? Provavelmente no século XVIII essas ideias foram eliminadas e as simbologia perdida. Nesta época, a razão, o conhecimento científico, a liberdade de pensamento, o iluminismo e a cultura dos povos ocidentais podem ter acidentalmente eliminado este tipo de misticismo na ordem. O sentido místico das colunas zodiacais pode ter perdido a sua essência misteriosa e principalmente a perda das influências dos astros sobre os homens na história descrita do Rito. No Rito REAA existe ainda uma passagem na iniciação do Aprendiz Maçom recebendo a luz durante as suas viagens iniciáticas (conhecimento, reflexão, vitalidade, purificação e batismo) que comprovam a existência da simbologia dos quatro elementos: terra, ar, água e fogo. Estes quatro elementos são os mesmos que representam cada signo do Zodíaco e os quatro períodos da vida humana.

- **Terra:** Touro, Virgem e Capricórnio;
- **Ar:** Gêmeos, Libra e Aquário;
- **Água:** Câncer, Escorpião e Peixes;
- **Fogo:** Áries, Leão e Sagitário.

Para maiores detalhes e referência, consulte o site *Stellarium* para visualizar a estrelas no espaço celeste em tempo real. Website acessado em 03 de janeiro de 2022. Site: https://stellarium-web.org/ ou acesse o QRCode ao lado.

Stellarium

CURIOSIDADES:

Mais um mistério para ser decifrado, vocês verificaram que a Coluna Zodiacal Jônica de **Câncer** está posicionada no lado Norte no templo maçônico na mesma linha da coluna B (Boaz) e o Trópico de Câncer está posicionado no norte da linha do equador (latitude 23,27°), ambos no lado Norte? Ainda não acabou o mistério, vocês também verificaram que a Coluna Zodiacal Jônica de **Capricórnio** está posicionada no lado Sul no templo maçônico na mesma linha da coluna J (Jachin) e o Trópico de Capricórnio está posicionado no sul da linha do equador (latitude - 23,27°), ambos no lado Sul? Mistério!

Vamos decifrar este Mistério!

Mistério!

Os trópicos são linhas imaginária ao redor da Terra, onde o sol incide perpendicular (Zênite) durante os Solstício de verão. Estas linhas são paralelas a linha do equador, delimitando as zonas climáticas. No período do Solstício de verão, as horas do dia são maiores que as horas durante a noite. Por volta do 200 a.C. os astrônomos verificaram a incidência perpendicular dos raios solares no Hemisfério **Sul** quando a Constelação de **Capricórnio** estava posicionada na trajetória eclíptica do sol tornando-a visível nesta época do ano (Dezembro/Janeiro/Fevereiro). No Hemisfério **Norte**, eles observaram a incidência perpendicular dos raios solares quando a Constelação de **Câncer** estava posicionada na trajetória eclíptica do sol tornando-a visível nesta época do ano (Junho/Julho).

Não é Mistério e sim ciência.

26. Esquadro e Compasso

O esquadro e o Compasso são símbolos estratégicos e mais antigos que representam a maçonaria. Eles juntos indicam o progresso do maçom na ordem quando sobem os degraus da escada caracol no Templo. A escada caracol simbolicamente representa o avanço do maçom nas suas instruções. Podemos realacionar algumas instruções, tais como: Astronomia, Música, Geometria, Aritmética, Lógica, Retórica e Gramática. O esquadro e o Compasso revelam o segredo do grau do Maçom, conforme a posição assumida pelos objetos. O esquadro representa a retidão, equidade com o próximo e o percurso correto do Maçom na busca da verdade e da moralidade. O esquadro representa a matéria pois é justo, correto e reto. O compasso representa a perfeição, o limite do Maçom, um utensílio muito usado pelos Mestres Maçom da época da idade média. Lembramos que o Grau-1 representa o Aprendiz Maçom, o Grau-2 Companheiro Maçom e o Grau-3 Mestre Maçom.

A posição entre o esquadro (Matéria) e o compasso (Espírito) representam o Grau da maçonaria.

Aprendiz Maçom:

Quando o esquadro que representa a matéria está totalmente em cima do compasso que alude o espírito, eles juntos representam o Grau de Aprendiz Maçom (Grau-1). Neste caso o perfil do Aprendiz Maçom está muito relacionado com a Matéria, pois ele ainda não evoluiu espiritualmente nos seus estudos e instruções na ritualística. Neste caso, a disposição do esquadro e o compasso demonstram a predominância da matéria sobre o espírito.

No momento em que a loja abre os trabalhos no Grau de Aprendiz Maçom, a Bíblia (livro da Lei) deve estar aberta no livro de Salmo capítulo 133 versículo 1, 2 e 3 e o Esquadro e o Compasso devem estar por cima da Bíblia assumindo a posição correspondente do Aprendiz Maçom.

Salmo 133 Versículo 1, 2 e 3

"Oh! quão bom e quão suave é que os irmãos vivam em união. É como o óleo precioso sobre a cabeça, que desce sobre a barba, a barba de Arão, e que desce à orla das suas vestes. Como o orvalho de Hermom, e como o que desce sobre os montes de Sião, porque ali o Senhor ordena a bênção e a vida para sempre."

O Salmo 133 refere-se a união dos povos e das tribos de Israel espalhados desde a montanha sagrada ao norte de Hermon (divisa Israel, Líbano e Síria) até os Montes de Sião (Jerusalém) na parte sul, próximo ao deserto. A União dos irmãos maçons abrange desde o Norte até o Sul, sem exceção. O Salmo descreve que o óleo precioso escorre desde a cabeça, barba e desce até a as suas vestes representando uma unção do primeiro Sumo Sacerdote Aarão (irmão mais velho de Moisés) para sagrar (serviço de DEUS) e purificar. Esta passagem bíblica também significa os caminhos tortuosos do Rio Jordão que desce de Hermon até Sião.

Companheiro Maçom:

Quando o braço direito do compasso está em cima do esquadro e o braço esquerdo do compasso está embaixo do esquadro, eles juntos representam o Grau de Companheiro Maçom. Neste caso a espiritualidade do Companheiro Maçom está desenvolvendo mostrando uma evolução através do movimento do braço direito do compasso. O Companheiro Maçom está assimilando os estudos maçônicos e o espírito está consagrando. O Companheiro Maçom tem acento no lado direito do Templo. Neste caso, a disposição do esquadro e o compasso demonstram a evolução do espírito sobre a matéria, mais ainda sem o domínio efetivo.

No momento em que a loja abre os trabalhos no Grau de Companheiro Maçom, a Bíblia (livro da Lei) deve estar aberta no livro do profeta Amós Capítulo 7 versículo 7 e 8 e o Esquadro e o Compasso devem estar por cima da Bíblia assumindo a posição de Companheiro Maçom.

Amós 7 Versículo 7 e 8

"Mostrou-me também assim: e eis que o Senhor estava sobre um muro, levantado a prumo; e tinha um prumo na sua mão. E o Senhor me disse: Que vês tu, Amós? E eu disse: Um prumo. Então disse o Senhor: Eis que eu porei o prumo no meio do meu povo Israel; nunca mais passarei por ele."

O prumo na mão de Deus simboliza que ele nivelará (prumo) o povo de Israel ao nível das nações pagãs, pois nesta época (Século VIII a.C.) havia várias injustiças, corrupções, idolatria e outros vícios. Todos estes contecimentos foram previstos pelo profeta Amós.

Mestre Maçom:

Quando o Compasso assume totalmente a posição em cima do esquadro, eles juntos representam o Grau de Mestre Maçom. Neste caso, o plano espiritual é totalmente soberano em relação ao elemento material. Os braços do compasso e seus pontos simbolizam o progresso do Maçom. O Compasso que representa a parte Espiritual está totalmente apoiado sobre o esquadro associado com a Matéria. Os dois braços do compasso estão acima do esquadro, assumindo uma posição de superioridade, cuja energia e atividades são positivas. Desta forma esses componentes indicam: sabedoria, perfeição, experiência, retidão, respeito e conhecimento dos seus limites.

No momento em que a loja abre os trabalhos no Grau de Mestre Maçom, a Bíblia (livro da Lei) deve estar aberta no livro Eclesiaste Capítulo 12 versículo 1 e 7 e o Esquadro e o Compasso devem estar por cima da Bíblia assumindo a posição de Mestre Maçom.

Eclesiaste 12 Versículo 1 e 7

"Lembra-te do teu Criador nos dias de tua mocidade, antes que venham os maus dias, e cheguem os anos dos quais dirá: Não tenho neles prazer. E o pó volte à terra, como o era, e o espírito volte a Deus, que o deu."

Ele menciona nesta mensagem divina que os jovens devem viver bem enquanto podem aproveitar a vida saudável de um modo justo antes de morrer e que a vida sem Deus não tem o menor sentido. Um dia estaremos perante a Deus para sermos julgados.

Prezado leitor, espero ter atingido os seus objetivos e desejo a todos muita paz, saúde e muito estudo, que Deus esteja sempre com você, que assim seja, amém.

T∴ F∴ A
(Tríplice Fraternal Abraço)

FIM

https://uiclap.bio/denysonlima

Os Símbolos Secretos

Esta obra intelectual está certificada na Câmara Brasileira do Livro nos termos e normas legais da Lei 9.610/1998 dos Direitos Autorais do Brasil. Conforme determinação legal, este livro digital registrado não pode ser plagiado, utilizado, reproduzido ou divulgado sem a autorização do autor Denyson Tomaz de Lima.

Os Símbolos Secretos

ISBN: 978-65-00-45669-1

Sobre o Autor

Denyson Tomaz de Lima

Formado em Engenharia Eletrônica pela Universidade Gama Filho e Pós-graduado em Ciência de Dados e apaixonado pela maçonaria. Eu sou Mestre Maçom desde o ano de 2009. Fiz os todos os graus do Rito de York americano: Mestre de Marca, graus Crípticos e a ordem de cavalaria. Estou finalizando os graus Filosóficos do Rito Escocês Antigo e Aceito (REAA). A minha potência Maçônica é a Grande Loja do Estado do Rio de Janeiro (GLMERJ) e a minha loja maçônica é a Luz da Restauração 29 número 75. Atualmente sou Mestre Instalado exercendo o cargo de Primeiro Diácono.

Dúvida favor enviar o e-mail:
denyson@historiaesegredos.com.br.

Made in the USA
Columbia, SC
21 July 2022

63768354R00075